David Salle *Tree of Life*

David Salle
Tree of Life

Thaddaeus Ropac

Sommaire
Contents

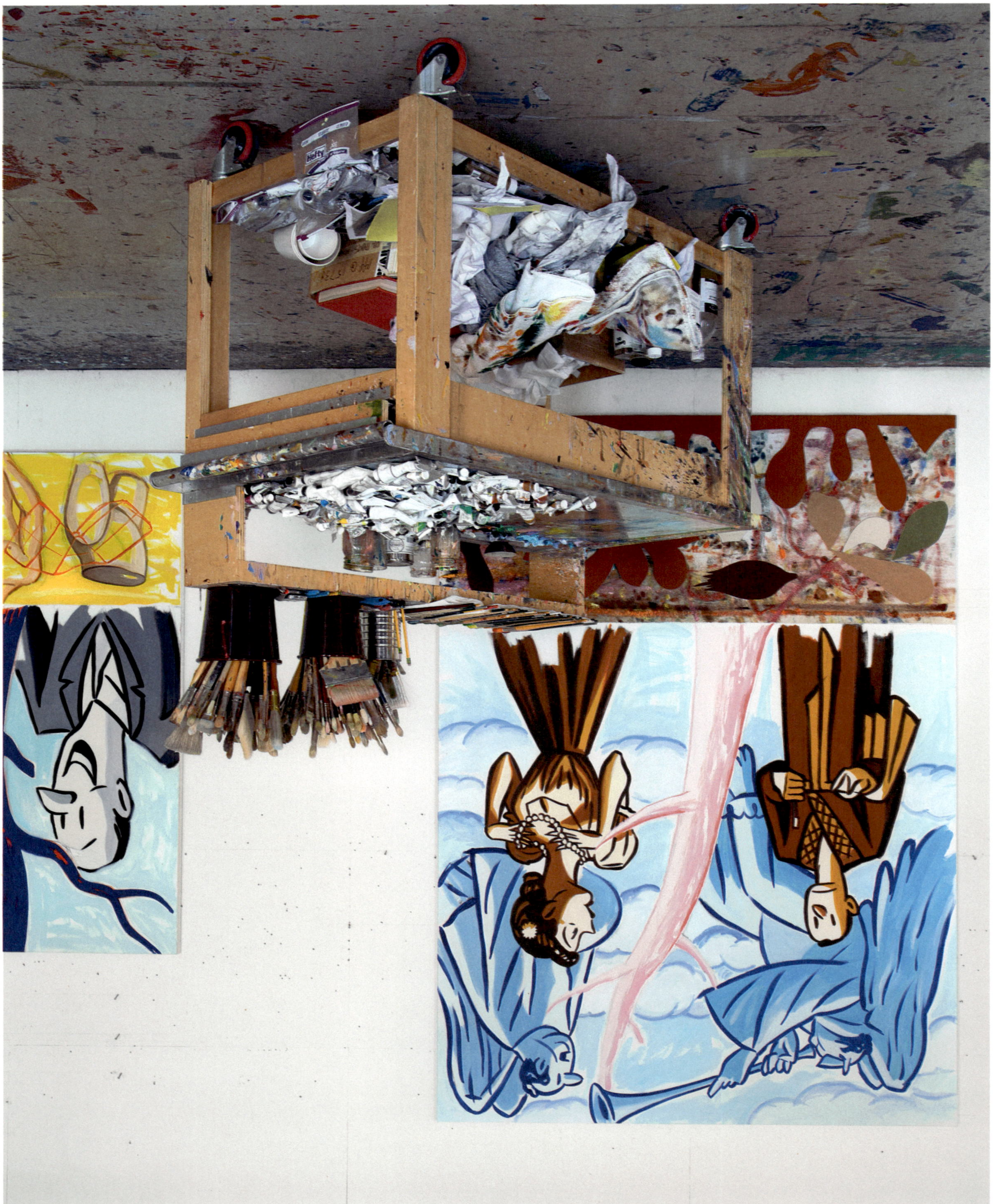

La première désobéissance de l'homme et le fruit
De cet arbre défendu, dont le mortel goût
Apporta la mort dans le monde, et tous nos malheurs,
Avec la perte d'Éden, jusqu'à ce qu'un homme plus grand que nous
Rétablît et reconquît le séjour bienheureux,
Chante Muse céleste !

John Milton, *Le Paradis perdu*, 1667[1]

Le ver est dans le fruit
David Salle à la recherche du Paradis perdu

Bernard Blistène

1 Je ne sais plus où et quand je vis pour la première fois des tableaux de David Salle. Nous étions dans la ferveur du début des années 1980. New York avait alors repris l'offensive. Salle était de ceux dont l'œuvre retenait l'attention. Il faisait débat. Il le fait encore aujourd'hui.

L'époque était au discours postmoderne. Chacun parlait de « la fin des grands récits ». Quelque chose de l'art conceptuel s'était épuisé et cédait le pas à une forme d'académisme. Il en est toujours ainsi. Les discours allaient bon train et la critique s'appuyait à l'envi sur la pensée d'Ihab Hassan, de Jürgen Habermas, de Fredric Jameson ou de la « French Theory ». Pas un texte, pas un commentaire qui n'ait alors puisé dans une rhétorique éclectique. Il fallait des armes et des outils pour mettre à bas l'hégémonie du discours moderniste.

David Salle fut l'un des protagonistes majeurs de ce débat. Il s'était d'emblée fait remarquer au fil d'installations et de performances, ainsi que par son attrait pour le spectacle vivant et le théâtre sous ses formes les plus expérimentales, mais ce sont évidemment ses premières œuvres plastiques utilisant les techniques de montage et d'écrans divisés du cinéma qu'il appliquait à la composition de ses peintures, ses images superposées mélangeant et juxtaposant techniques et styles qui captèrent l'attention [ill. p. 12, 34]. Salle défiait le regard par un jeu de formes et de signes brouillant toutes les hiérarchies et désorganisant sciemment la perception. Je me souviens que les œuvres que j'avais vues alors avaient éveillé à mon esprit le souvenir du roman *At Swim-Two-Birds* de l'auteur irlandais Flann O'Brien, mettant bout à bout des textes de genres aussi divers que le western et l'épopée médiévale, en passant par le conte de fées et le vaudeville[2]. Il y avait pour moi de cette culture et de cette parfaite ironie dans les grands tableaux de Salle, comme un effet de distanciation qui rendait sciemment l'analyse complexe.

2 Une certaine critique aurait voulu que tout cela soit simple, que ce ne fut que la « logique culturelle du capitalisme tardif », d'une marchandise de plus pour satisfaire celles et ceux que l'austérité formelle des mouvements minimal et conceptuel avait rebutés. D'emblée, le programme du postmodernisme, sa dimension virale, les confusions qu'il favorisait et entretenait ainsi que les contresens qu'il générait, opérèrent comme une pratique du recyclage et de la citation, voire du pastiche et de la parodie, visant à faire l'éloge de tout ce que le discours moderne avait fustigé. On se refusait à reconnaître que différents aspects de l'esthétique postmoderne se retrouvaient dans des œuvres du passé ou que l'emploi décalé de figures classiques mêlées à des référents d'un

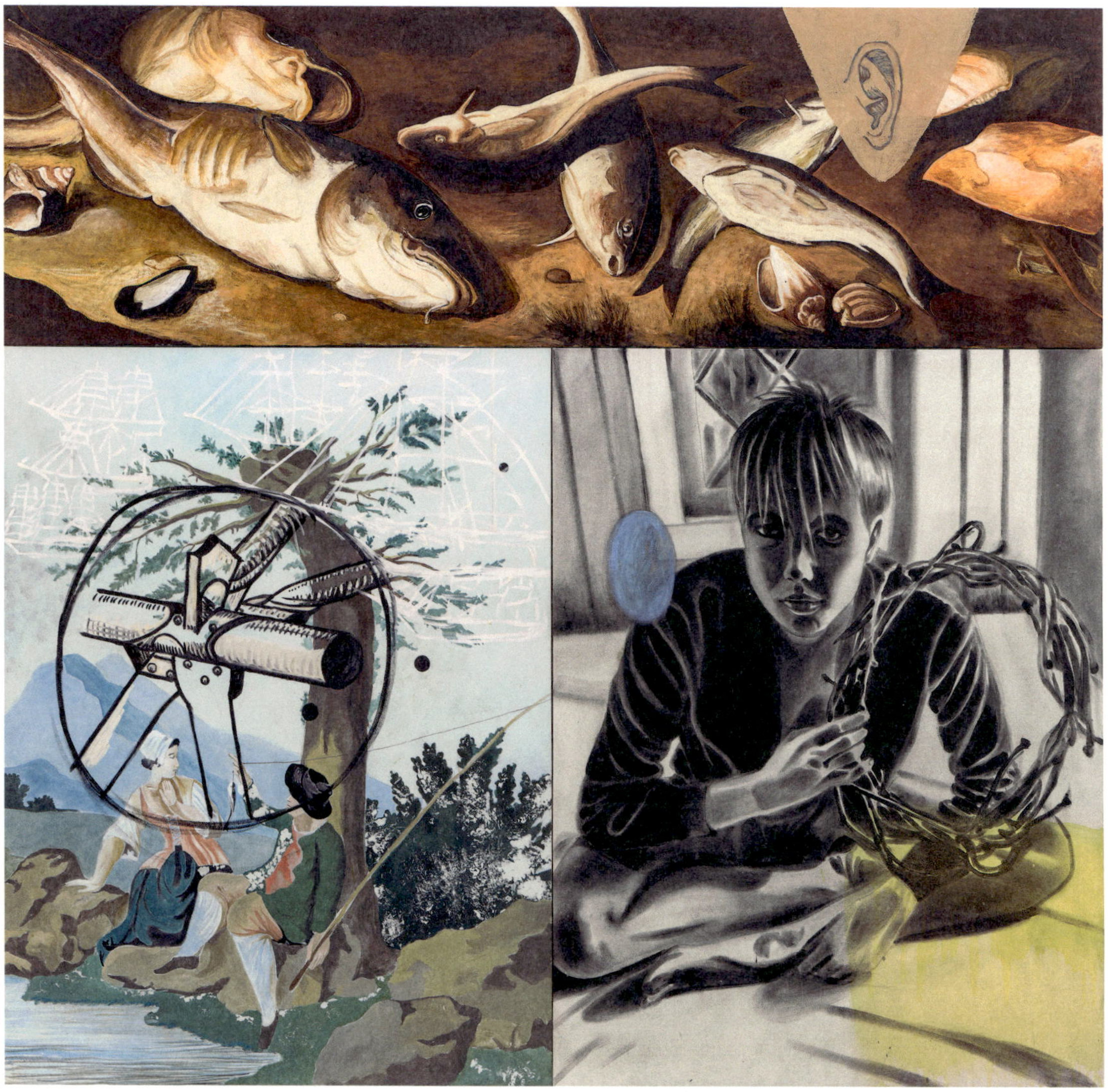

David Salle
Byron's Reference to Wellington, 1987
Huile et acrylique sur toile /
Oil and acrylic on canvas
259,1 × 264,2 cm / 102 × 104 in

12

autre âge avait fécondé la modernité la plus radicale. Personne n'ignore à ce titre le lien de Salle à l'œuvre de Francis Picabia.[3] [ill. p. 34] Comment d'ailleurs se pourrait-il ?

D'ailleurs, ne nous échappons pas et soulignons combien David Salle est rapidement passé maître dans cet art de la collision où les sources picturales se superposent aux formes et disciplines surgies de multiples horizons, témoignant de son goût pour les arts de la scène les plus sophistiqués et dans tous leurs aspects. Il m'est alors apparu que ses œuvres avaient l'allure de la passionnante trilogie *U.S.A.* de John Dos Passos[4] ou des procédés de collage et de détournement d'une autre trilogie, *Les Somnambules* d'Hermann Broch[5], deux exemples parmi d'autres où leurs auteurs avaient pour l'un, appréhender les États-Unis pendant la Grande Dépression et l'autre, la perte des valeurs en Europe occidentale. Dans les deux cas, une réalité qui ne pouvait se comprendre que dans la multiplicité des contrastes entre les différents référents que mettaient en scène leurs auteurs respectifs. Une réalité complexe, donc et non pas réduite à de simples clichés. Une réalité complexe où l'univers des images qui nous entourent s'intrique avec celui des souvenirs qui nous assaillent. Imagination collective et intime, volonté de faire revivre les codes les plus traditionnels en les juxtaposant aux plus personnels, le grand théoricien Brian McHale a sans doute raison de comparer la différence entre modernisme et postmodernisme à celle qui sépare épistémologie et ontologie[6]. Et je ne serais pas loin de penser que c'est ce qui se joue dans l'œuvre de Salle : une théorie de la connaissance face à une théorie de l'être.

3 Je veux ici rappeler ces différents points pour souligner combien le projet de David Salle est, à mes yeux, riche et ambitieux. Il ne s'agit pas plus de virtuosité que d'élégance. D'ailleurs, ne vous y trompez guère ! Dans ses premières images souvent sombres et mates où domine une sorte de grisaille [ill. p. 15], quelque chose d'une mélancolie ne cesse de venir poindre mais sans doute une forme de ce que le grand historien de l'art Jean Clair appelle une « mélancolie paradoxale », au sens où l'état de crise passagère conduit à dépasser ces états de tristesse. Pour autant, l'œuvre de Salle tient sans doute davantage d'une forme de ce que les philosophes Jean Starobinski et Wolf Lepenies désignent comme « une mise à distance » face au désenchantement du monde dans lequel nous vivons. On y retrouve ici « l'ironie postmoderne », si souvent soulignée chez les exégètes des créateurs de ce moment. Une ironie « suspensive », voire « ambiguë » qui, on le sait, ne cesse de la rendre suspecte tant elle suggère un détachement, voire une forme de gratuité ou de superficialité.

Lisez David Foster Wallace[7], l'auteur de *L'Infinie Comédie* (1996), accusant l'ironie de s'être compromise avec la société de consommation et d'être passée du camp des observateurs critiques à celui des manipulateurs cyniques. Lisez combien le débat né du 11 septembre, en appelle justement à la fin de l'ironie et de ses différents thuriféraires. Lisez également ces discours insinuant l'idée que l'artiste contemporain maniant l'ironie ne le fait que pour « s'approprier ce qui le précède tout en marquant sa différence[8] ». Ironie, donc mais aussi humour. David Salle le reconnaît lui-même : « J'ai toujours été un peintre de mélancolie, mais après tout, l'humour est mélancolie.[9] »

Humeur et humour. Certes, l'étymologie est comparable. Tout du moins en français. Ainsi, le grand Francis Vanoye, Gestalt-thérapeute devant l'Éternel, dans l'excellent article qu'il publie en 2012 le rappelle : « La théorie des humeurs nous autoriserait-elle à distinguer différentes formes d'humour : agressif (l'humour vache), anxieux (l'humour jaune), mélancolique (l'humour noir), flegmatique (l'humour cool) ?[10] » Et s'il fallait définir à laquelle de ces catégories l'œuvre de Salle appartiendrait, on pourrait sans doute aisément dire qu'il les embrasse toutes. J'irais d'ailleurs jusqu'à avancer qu'à maints égards, elle tiendrait de ce qu'on appelle souvent « la politesse du désespoir ». Car tout s'y retrouve : l'anxiété, la mélancolie, le flegme et, comme le dit encore Vanoye, « pourquoi pas, la joie de jouer un bon tour au malheur, d'agresser les dieux en se riant des destins qu'ils nous allouent[11] ». Au risque de la liberté, *Tree of Life* n'est pas loin.

4 Les origines du mythe de l'Arbre de vie ne datent pas d'hier. Peu s'en faut ! Et pareil essai n'y suffirait pour en souligner la richesse. Disons que le motif nous ramène sans doute aux prémices de l'histoire et symbolise la force de la vie et de ses origines. Appelons ce moment « la nuit des temps » ! Mais sa signification est si complexe qu'on s'y perd. De plus, l'Arbre de la connaissance du bien et du mal et le chandelier à sept branches pourraient, selon certaines interprétations, en être des variantes. L'Arbre de vie est équivalent dans les traditions païennes, à l'archétype très ancien de l'Arbre-monde [ill. p. 37].

Dans la Bible, l'Arbre apparaît d'abord au début du livre de la Genèse, dans le second récit de la Création, en même temps que l'Arbre de la connaissance du bien et du mal. Le premier symbolise l'immortalité. Mais, prenez bien garde, il ne faut donc surtout pas le confondre avec l'autre arbre, l'Arbre de la connaissance du bien et du mal ! Dans ces passages scripturaires, Dieu donne à l'humanité, en la personne d'Adam et d'Ève [ill. p. 37], ce commandement

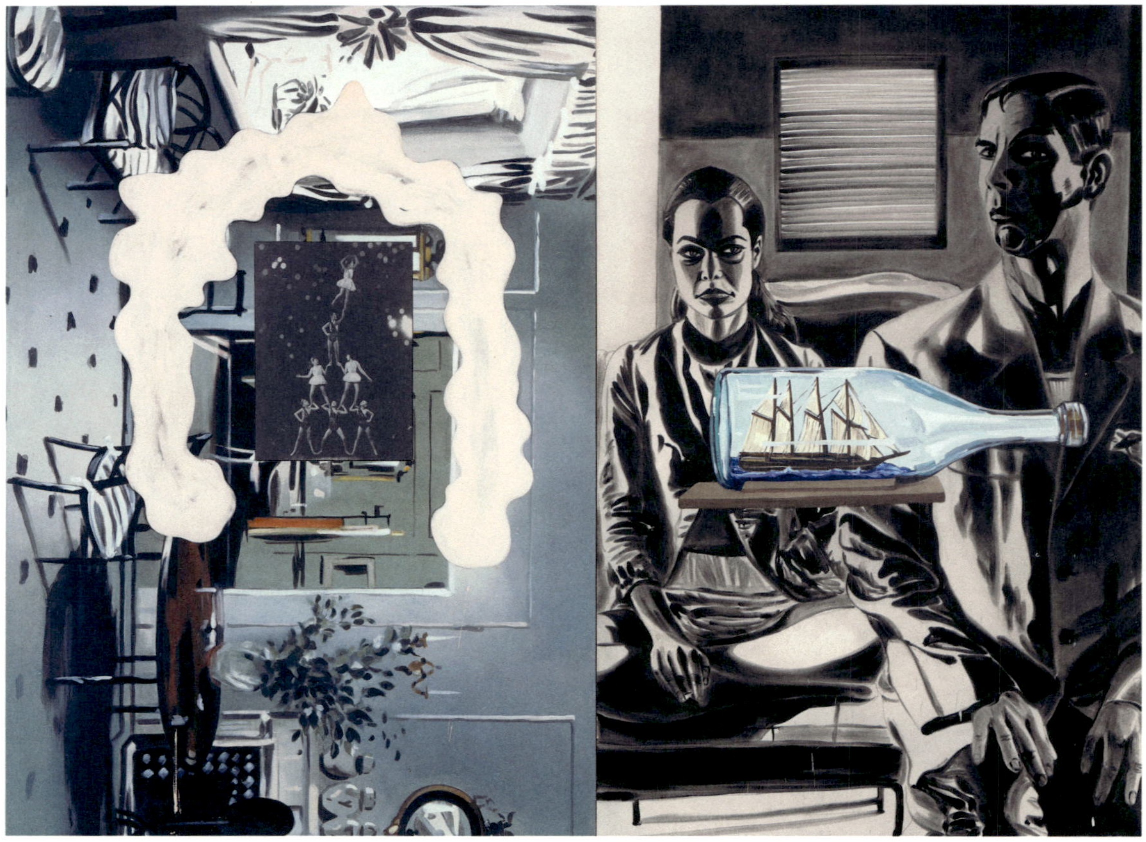

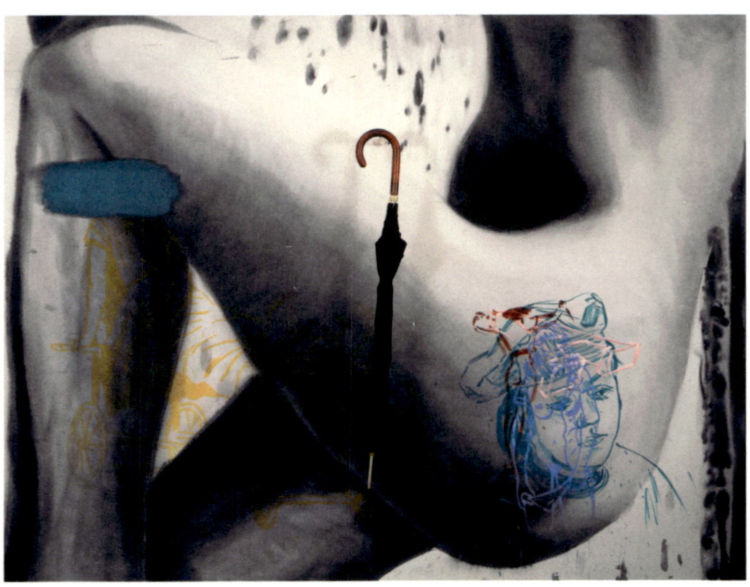

Ci-dessus / above
David Salle
Pepper's Ghost, 1995
Huile et acrylique sur toile /
Oil and acrylic on canvas
213,4 × 304,8 cm / 84 × 120 in

À gauche / left
David Salle
Melancholy, 1983
Huile, acrylique et parapluie sur toile /
Oil, acrylic, and umbrella on canvas
154,9 × 204,5 cm / 61 × 80 $^{1}/_{2}$ in

formel : « Tu peux manger de tous les arbres du jardin, mais tu ne mangeras pas de l'Arbre de la connaissance du bien et du mal, car du jour où tu en mangeras, tu mourras certainement.[12] »

Cet Arbre-là, de la connaissance du bien et du mal, est donc bien distinct de l'Arbre de vie, sur lequel on trouve une précision cruciale dans le passage suivant, une fois que l'homme aura librement commis le Péché originel : « Maintenant, qu'il n'avance pas sa main et qu'il ne prenne pas aussi de l'Arbre de vie, pour en manger et vivre éternellement ! Et le Seigneur Dieu le fit sortir du jardin d'Éden, pour qu'il cultivât la terre d'où il avait été pris. Et il chassa l'homme, et il mit à l'orient du jardin d'Éden les Chérubins avec l'épée flamboyante, pour garder le chemin de l'Arbre de vie.[13] »

Mais l'Arbre de vie est également mentionné plusieurs fois dans le livre de l'Apocalypse, épilogue qui conclut la Bible (comme le livre de la Genèse est son prologue), en plusieurs passages, tels que : « Que celui qui a des oreilles entende ce que l'Esprit dit aux Églises ! À celui qui vaincra, je lui donnerai à manger de l'Arbre de vie, qui est dans le paradis de Dieu.[14] » Plus loin : « Heureux ceux qui lavent leurs robes, afin d'avoir droit à l'Arbre de vie.[15] » Enfin : « Si quelqu'un retranche des paroles de ce livre prophétique, Dieu lui retranchera sa part de la vie et de la cité sainte.[16] »

5 J'aime à rappeler tout cela. Non que je veuille jouer au philologue ou au théologien que je ne suis résolument pas et esquisser une exégèse dont je suis bien incapable mais je sais, pour le connaître, que David Salle s'est penché sur ces choses et qu'il n'est pas allé chercher le sujet par hasard. De plus, je le soupçonne d'y être allé regarder de près. Et je l'imagine aller voir de quoi il retournait dans la Kabbale où l'Arbre de vie représente symboliquement les Lois de l'Univers mais aussi le symbole de la Création, tant du macrocosme que du microcosme.

Il y a cependant autre chose qui pourrait, pour ce qui nous préoccupe, être riche de significations. Autre chose que Salle a peut-être relevé dans *Le Livre de Mormon* où le prophète Léhi, père de Néphi, qui emmena son peuple vers une terre promise sur le continent américain, reconnaît dans une vision l'Arbre de vie qu'il considère comme le plus grand des dons de Dieu. Il voit une barre de fer, un chemin étroit et resserré et les brouillards des ténèbres qui enveloppent les hommes. À moins qu'encore, comme il me le précisait au fil de nos échanges, David Salle ne se soit aussi

attaché à étudier la culture des Shakers en Nouvelle-Angleterre, dont on sait l'influence considérable sur la culture américaine.

De leur riche histoire nourrie de pratiques cultuelles extatiques alliant danse et glossolalies que Dan Graham (1942-2022) a étudiées en un autre temps au fil des différentes formes de son essai majeur *Rock My Religion*[17], on peut observer à New Lebanon, sur un ruban de vallée serpentant entre les montagnes Taconic, Mount Lebanon, première secte shaker officielle, siège de l'autorité religieuse et lieu sacré de la communauté qui prospéra jusqu'au début du XXe siècle, où subsiste encore aujourd'hui Sassafras Farm. Et je ne peux imaginer que Salle, homme profondément raffiné et cultivé, n'ait pas eu alors le désir de contempler les fameux dessins d'Hannah Cohoon, devenue membre du Hancock Shaker Village alors qu'elle avait vingt-neuf ans en 1817, membre de l'alliance en 1823 et dépositrice de la vision spirituelle des croyants au travers de « dons » reçus de l'Esprit, dons qui se matérialisaient sous la forme de messages, de chants et de quelques merveilleuses feuilles qui nous sont aujourd'hui parvenues.

Voyez ainsi *The Tree of Light or Blazing Tree* (1845) [ill. p. 18], *The Tree of Life* (1854) [ill. p. 40] ou *A Bower of Mulberry Trees* (1854), travaux inspirés de la vision de Cohoon d'une fête de ses aînés Shakers, sous les mûriers. Voyez la représentation de ces fêtes saintes lors de réunions biennales et la présence de colombes au-dessus de la tête représentant les bénédictions que le croyant vivrait au ciel. Dans son passionnant ouvrage intitulé *The Obstacle Race : The Fortunes of Women Painters and Their Work*, Germaine Greer a comparé les dessins de Cohoon à l'art initial des artistes catholiques d'un « paradis terrestre avec des arbres fruitiers en fleurs[18] ». Voyez ces travaux aux allures primitives, alliant rigueur et poésie et dites-vous que Salle y a sans doute trouvé matière. Une matière tel un emblème pour une communauté en marge et agissante, une communauté certes austère mais inspirée, quelque chose pour lequel il aura éprouvé le désir et le besoin d'y aller voir de près.

6 Alors qu'il m'expliquait l'origine de la suite de ses peintures qui nous retiennent ici, Salle attira mon attention sur ces images premières. La figure de l'arbre et de ses racines l'intéressait à plus d'un titre. Certes, on ne saurait s'inscrire dans l'histoire et l'iconographie des représentations sans avoir à l'esprit la

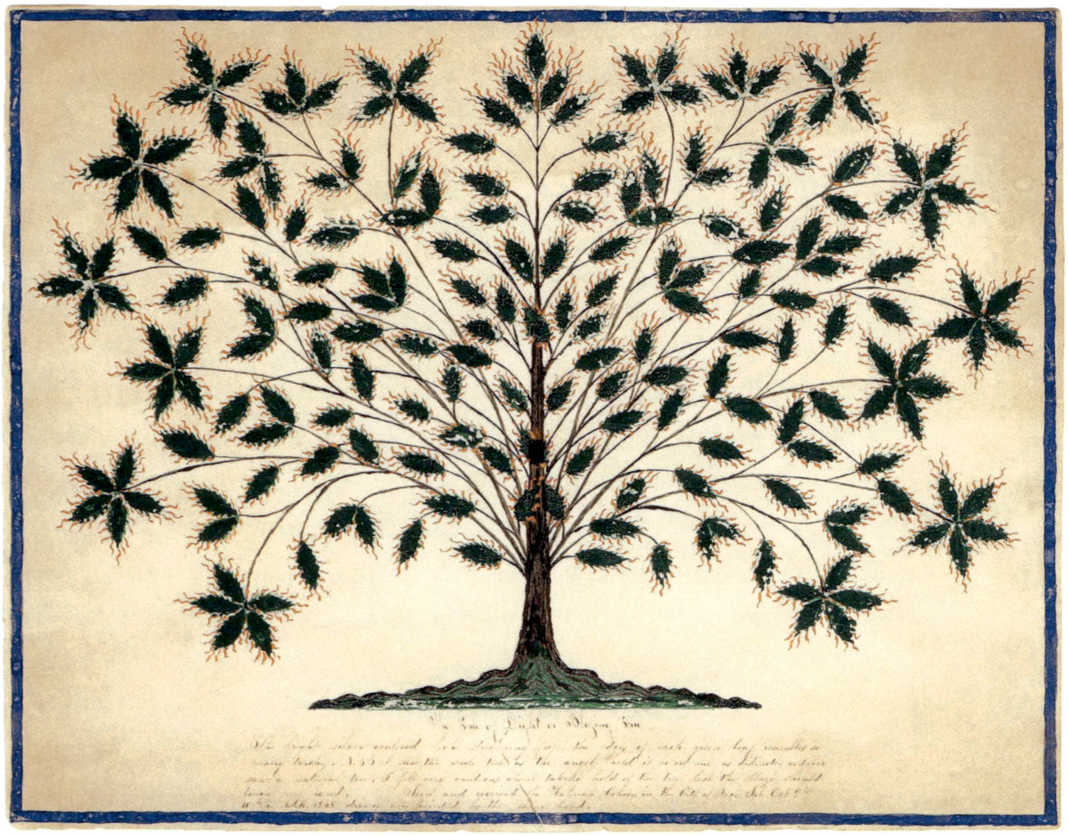

Hannah Cohoon
The Tree of Light or Blazing Tree, 1845
Encre, graphite et gouache sur papier /
Ink, pencil, and gouache on paper
40,6 × 53 cm / 16 × 20 ⅞ in
American Folk Art Museum, New York

18

richesse des images liées au dogme du Péché originel. Et je veux aussi croire que le christianisme qui a très tôt assimilé la Croix du Christ avec l'Arbre de vie, car, comme lui, elle redonne la vie, cette fois éternelle, à l'humanité déchue, reste pour tout artiste attaché à l'épistémologie, un sujet essentiel.

Mais la figure de l'Arbre attirait sans doute également Salle en tant que figure de style et structure narrative. Des racines aux fruits, la symbologie qui s'y attache ne pouvait être perçue autrement que comme la parfaite métaphore de la création que notre artiste aurait à cœur d'interpréter à sa guise. L'Arbre de vie serait ainsi certes l'arbre de l'immortalité, mais aussi de l'immortalité de l'art face à nos destinées. Mais il serait aussi l'arbre du fruit défendu et de la désobéissance, sans doute une possible métaphore de l'acte de peindre dès lors que l'artiste enfreint les règles et les conventions pour inventer ses lois propres. Et c'est ici que cette suite de peintures et œuvres sur papier que David Salle a réalisées sur le thème de l'Arbre de vie a retenu mon attention.

Un autre point n'a d'ailleurs pas manqué de m'intéresser : le grand essayiste et critique Adam Gopnik écrivait dans son article pour *The New Yorker* intitulé « Shining Tree of Life » que les dessins des Shakers et avant tout, ceux de Cohoon, étaient « parmi les dessins clés de l'art américain, avec un sens tonique de l'abondance – toutes les pommes se ressemblent, chacune avec son frottement de rouge, comme le rougissement appliqué par une adolescente – alliée à un ordre obsessionnel[19] ». Je veux imaginer que Salle a eu ce texte entre les mains et je veux ici imaginer que le lien s'est fait entre l'article écrit au moment de la vente de ces dessins chez Sotheby's en 1997 et le désir latent de notre artiste de s'emparer du thème. Gopnik analyse par ailleurs avec beaucoup de subtilité le paradoxe d'une communauté austère, voire d'une secte qui devint par la production de ses objets quotidiens, une véritable marque de fabrique[20].

Il rappelle aussi que les dessins réalisés par quelques Shakers dont les seuls quatre subsistants d'Hannah Cohoon aujourd'hui, doivent être perçus comme des « dons du ciel » et rien d'autre. Parmi eux, le célèbre *Tree of Light or Blazing Tree* [ill. p. 18] « figure une vision apparue en rêve : un arbre dont chaque feuille est brodée de flammes, élément traditionnel dans l'iconographie Shaker de l'Arbre de vie, au demeurant inquiétant par sa richesse et sa surcharge[21] ».

Et j'aime l'idée que Gopnik sous-tend, lorsqu'il en vient à ajouter :

> « Contrairement à sa littérature, l'art américain tire profit d'une certaine forme de fanatisme : s'ils ne sont pas empreints d'une dimension extrême, les arts visuels courent le risque de disparaître et de retourner dans le grand fatras des choses que nous voyons et que nous possédons. Les écrivains peuvent être des amis, mais les artistes, eux, sont des croyants, ou ne sont pas grand-chose. Le double héritage de la pensée Shaker est fidèle aux doubles racines de leur vision : les Shakers restent à la fois un modèle de renoncement halluciné et irréel et des artisans de choses qu'ils veulent simples et bonnes. L'Arbre de vie étincelant est un arbre de lumière qui éclaire le chemin des croyants. Il est aussi un feu, qui ne peut que se consumer.[22] »

7 Nous voici donc au cœur du sujet : un ensemble de peintures et d'œuvres sur papier s'orchestrant autour de l'Arbre de vie trouvant un écho dans un article de belle facture publié dans *The New Yorker* sur les Shakers et entre autres, leurs rares dessins parvenus sur le même thème. De fait, ce jeu savant que Salle met en place en faisant se rencontrer l'Arbre de vie et les dessins de Peter Arno pour le célèbre magazine semble ne pas naître de nulle part. Il n'y a pas de hasard si ce n'est objectif et, regardant moi-même *The New Yorker*, il m'a semblé que cette suite de tableaux pouvait aussi être considérée comme un hommage à l'esprit du journal. Un hommage à son esprit sophistiqué et subtil, un rien dandy. Dandy au sens baudelairien : une manière de regarder le monde d'en haut. Et d'en sourire.

Comme tout un chacun, j'aime *The New Yorker*, sa dimension cosmopolite et sa manière incisive d'appréhender le quotidien de l'Amérique. Sa rubrique « Talk of the Town » que nous, français, traduirions par « Ce qui se dit en ville », est une parfaite alliance d'informations et d'autodérision. Ses contributeurs, de Truman Capote à Philip Roth, de John Updike à Donald Barthelme et tant d'autres, sa capacité à nous livrer des saynètes et des tranches de vie d'un New-York névrosé, son humour sophistiqué et jamais vulgaire, enfin bien sûr ses illustrateurs comme Peter Arno ou William Hamilton mettant en scène un monde petit-bourgeois aux prises avec lui-même, tous ces aspects font de ce magazine que je me plais à considérer comme une revue, l'une des contributions les plus intelligentes de la presse américaine, quelque chose comme une forme de dénonciation qui derrière le rire, évoque

ce qu'Avital Ronell, soulignant l'empire déclinant de notre rapport à la connaissance, a stigmatisé non sans ironie dans son formidable ouvrage *Stupidity*[23]. Et je m'attache à croire que par bien des aspects, *Tree of Life* de David Salle est une invitation à investiguer tout à la fois l'ignorance et la connaissance, le bien et le mal, fort de l'humour nécessaire qu'un tableau peut offrir au regard interloqué et sans doute ébaubi du spectateur.

J'évoque tout cela avec Salle. Lui me dit combien, du fond de sa mélancolie, il a toujours été sensible à l'absurde comédie de notre monde et qu'il s'est souvent attaché à ce que ses tableaux en soient le témoignage. Rien n'est sans doute plus juste ici, devant des œuvres qui mêlent, ou plutôt juxtaposent, l'image la plus ordinaire au mythe du deuxième livre de la Genèse, de telle sorte que chaque tableau nous conduit à nous demander ce que serait pour un peintre le péché originel et le fruit défendu.

8 Regardons donc cela de près ! Parmi un corpus d'une vingtaine d'œuvres principales, de vastes compositions – pour la plupart – qui au premier regard semblent plus légères et délurées qu'à l'habitude, sans doute moins mélancoliques que les œuvres précédentes de l'artiste. Le burlesque est partout au point d'instaurer un comique de situation – un effet Marx Brothers[24]– qui tire sa force de l'incongruité de l'alliance entre le sujet et les personnages transposés et métamorphosés des dessins du formidable caricaturiste qu'était Peter Arno. On ne sait plus qui regarde quoi. On ne sait plus si l'Amérique se trouve prisonnière de sa propre histoire et si l'Arbre de vie qui structure la composition n'est pas le signe parmi les signes d'une allégorie trop oubliée par notre monde soumis à toutes les tentations.

Mais j'aimerais aller plus avant, car l'une des singularités de ce magnifique ensemble tient dans la division que David Salle instaure entre les personnages du caricaturiste et le mythe mais aussi, dans la plupart des tableaux qui le compose, entre la partie haute de la composition et la partie basse qui agit comme une sorte de prédelle incongrue et abstraite à la fois. Comme si quelque chose d'irréconciliable habitait chaque peinture : un mythe perdu, un monde d'aujourd'hui aussi hagard qu'ahuri, un arbre qui prend racine dans un magma indéfinissable de formes et de signes hybrides foisonnants pour s'épanouir dans la composition et imposer sa loi. Sans doute quelque chose comme ce que le monde était à son commencement et ce qu'il serait indéfectiblement devenu.

Salle le répète à l'envi : « une peinture crée un problème ». Et sans doute, ajouterai-je pour ma part : « un problème dont on ne sort pas aisément ». Les œuvres nées de *Tree of Life* sont moins faciles à appréhender qu'il n'y paraît. Elles sont même sans doute bien plus complexes qu'on ne voudra le croire. Je les décortique et me laisse séduire par leurs couleurs comme par le joyeux mélimélo d'images et de signes au milieu desquels l'Arbre de vie et son serpent de pacotille orchestrent la plupart des compositions. Au cœur de ce savant désordre au milieu duquel l'Arbre multicolore semble trôner impérieusement, une multitude d'informations fourmille et s'agite sans que la moindre clé nous soit offerte. « Le principe de connexion entre les formes » comme celui de « juxtaposition » entre elles, tous deux chers à l'artiste, se donne comme le principe par excellence qui régit l'organisation de chaque tableau. Salle réaffirme l'arbitraire de toute œuvre, le choix qu'elle impose. Ici encore, je me rappelle Karl Kraus : « Je ne domine que le langage des autres, le mien cherche à faire de moi ce qu'il veut[25] », comme je retrouve la belle anthologie de textes de peintres réunis par Salle en 2016 et qu'il intitulait *How to See*[26]. Dans son introduction, il y rappelle l'essentiel : « Comment l'art fonctionne-t-il ? Comment nous émeut-il, nous informe ou nous défie-t-il ?[27] » Tout ici est dit.

9 Dans le superbe texte qu'il consacre à « son vieil ami » à l'occasion de l'exposition des *Trees of Life* (New York, 2021), Eric Fischl rappelle combien la peinture est leur vie. J'aime par-dessus tout : « La peinture est notre matériau de base. Pour nous, c'est l'essence de la vie ; la vie créatrice, imaginée. C'est notre matériau sacré, aussi bien que notre désordre, notre chaos, notre soupe.[28] » J'aime la belle virtuosité avec laquelle Fischl souligne qu'il n'y a rien à lire d'autre, dans les tableaux de Salle, qu'une histoire qu'un peintre se pose à lui-même sur une simple surface, face à la toile vierge dans l'instant de réinventer son sujet et son art.

Car *Tree of Life* procède bien d'une complète réinvention, sans doute de la recherche d'un paradis perdu. Le thème, bien-sûr, qui ouvre à cette nouvelle série de tableaux jubilatoires abandonnant cette « fatigue des images » dont Philippe Dagen a su parler à propos de la série *Paris Opera Paintings* des années 2003-2004[29]. La technique aussi, où l'opposition entre la transposition des images alertes de Peter Arno et l'invention de l'Arbre (et de son serpent) qui structure l'espace pour planter ses racines dans un magma gestuel et coloré qui, à lui seul, conjugue une large part

de la peinture américaine et de référents puisés dans des histoires multiples dont celles qui orchestrent le foisonnement d'informations auquel nous confronte chaque œuvre de Salle. De fait, il sera tentant – encore la tentation - de dire que ces œuvres ouvrent l'art de David Salle à une nouvelle vie.

De plus, toute forme d'écriture a disparu. Toute lettre comme tant de fois dans son œuvre, s'est ici effacée. Toute légende ou dialogue comme Peter Arno en affublait ses dessins, se sont aussi envolés. Et l'on ne peut que sourire à l'idée que la belle légende d'Adam et d'Ève vienne en quelque sorte télescoper les images de Peter Arno, manière pour Salle de tirer la leçon et la morale de l'histoire et de nous dire que chaque époque a les dieux qu'elle mérite.

10 Dès lors, je veux inscrire *Tree of Life* dans une cohorte d'œuvres mémorables. Ainsi de Mark Twain et des journaux humoristiques et satiriques pour Adam et Ève rédigés en 1906 dans *Eve's Diary* [ill p. 24, 45] et dans le merveilleux *The Private Life of Adam and Eve*, publié en 1931 à titre posthume[30]. Ainsi encore de John William « Oncle Jack » Dey dont *Adam and Eve Leave Eden* qui, en 1973, s'affuble de rayures et de touches de couleur pure pour évoquer les environs luxuriants de l'Éden [ill. p. 46]. Ainsi de *The Apple Tree*, série de trois saynètes musicales composées par Jerry Bock et Sheldon Harnick en 1966 ou plus près de nous, de la comédie musicale *Children of Eden* de Stephen Schwartz en 1991. Bien d'autres encore, l'inventaire est sans fin.

Et si David Salle met en scène avant tout une histoire de peinture, je veux croire qu'il met aussi en scène une histoire qui, des Shakers à aujourd'hui, raconte comment l'Amérique a transposé sur son propre sol les mythologies du passé. Car il y a, dans Tree of Life, à l'évidence quelque chose d'une histoire américaine, terre de pionniers et d'immigrants qui n'a cessé de se construire et de se structurer à partir de mythes fondateurs au point que le mythe de la « destinée manifeste » (« manifest destiny ») attribue à l'Amérique un rôle d'exception, celui d'exporter la démocratie et la liberté dans le monde et de faire oublier la violence de la conquête de l'Ouest, le drame des Indiens d'Amérique et des peuples voisins. On s'effraie de lire qu'au début du XXe siècle, le président Woodrow Wilson ait attribué à l'Amérique une mission universelle : « Je crois que Dieu a présidé à la

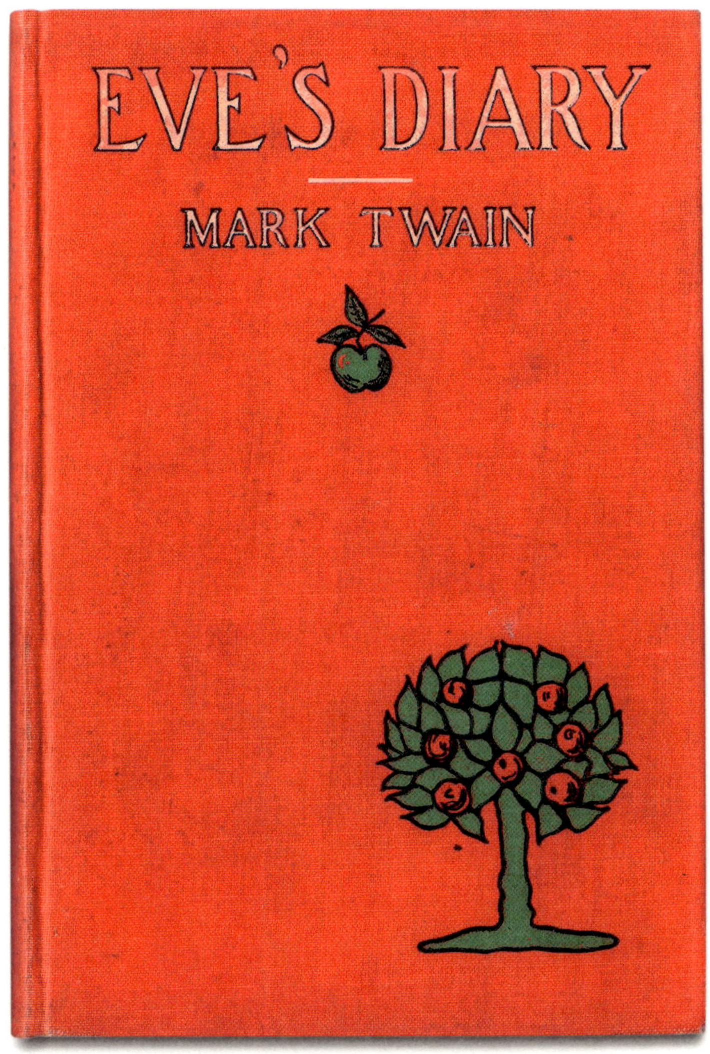

Mark Twain
Eve's Diary, 1906
Harper & Brothers, New York

24

naissance de cette nation et que nous sommes choisis pour montrer la voie aux nations du monde.[31] » Il me plaît de penser que sous couvert de la farce, Salle rappelle aussi cette histoire américaine qu'Élise Marienstras a su décrire avec subtilité, en mettant en évidence combien l'attrait du mythe a joué un rôle crucial dans la construction de l'État-nation américain[32]. Car l'Amérique n'a pas hésité à vouloir incarner la réalisation des rêves et des légendes séculaires de l'humanité pour y trouver son compte.

Et si l'arbre cachait la forêt ?

Pendant que nous devisions par Skype et que nous cherchions l'inventaire impossible des œuvres qui touchaient au sujet, Salle me rappela le « famous cartoon » d'Ad Reinhardt publié le 2 juin 1946 dans *PM* : « How to Look at Modern Art in America » [ill. p. 49], sans doute la satire la plus célèbre de la série *PM* et le premier « arbre » de Reinhardt épinglé sur les murs des ateliers d'artistes de toute l'Amérique, pendant de nombreuses années. L'arbre lui-même ainsi que nombre de ses feuilles, suivent de près un dessin animé du peintre et caricaturiste mexicain Miguel Covarrubias, paru dans le magazine *Vanity Fair* en 1933 et largement apprécié sans qu'il eût la moquerie corrosive de celui de Reinhardt qui parodiait les tableaux synoptiques des mouvements modernistes, en particulier le célèbre graphique d'Alfred H. Barr, Jr., qui avait été largement utilisé comme support pédagogique dans les collèges pour la construction du mythe de la peinture américaine.

Reinhardt lui-même n'a jamais été publié dans *The New Yorker*, mais à la fin des années 1930 et 1940, on sait le dessinateur prolifique qu'il était pour un large éventail de clients, dont les Brooklyn Dodgers, *Glamour*, Macy's, le Conseil national de l'amitié américano-soviétique, le New Masses, le *Saturday Evening Post* et *Ice Cream Field*, la publication du commerce des glaces, dont il fut le directeur artistique. « C'était un maître peintre, mais il était aussi un maître de la bande dessinée », souligne Robert Storr[33].

Dès lors, plus qu'un mythe parmi d'autres, le ver était dans le fruit et *Tree of Life* offrirait à Salle la jubilation de reprendre à son compte le mythe du « dernier tableau » du peintre ascétique. Mais Reinhardt s'éloignerait pour que *Tree of Life* devienne alors une métaphore et une allégorie de l'immortalité de la peinture, un pied-de-nez à toutes celles et tous ceux qui, telle une prophétie, ne cessent d'annoncer sa disparition.

Alors que je terminais ce texte et que nous sortions d'un trop long confinement qui nous avait éloignés du monde, David Salle peignit une nouvelle série de tableaux à l'été 2022. Je ne pouvais aller les voir et je reçus des images qui me donnèrent l'envie d'ajouter quelques lignes à mon essai. Si l'ensemble portait le même titre, certains arbres avaient disparu ou n'étaient traités que de manière elliptique. D'autres peintures s'étaient peuplées d'un pêle-mêle toujours plus dense, traité dans la majorité des cas en grisaille. Le noir et blanc se disputait à la couleur. Dans ce théâtre du quotidien, quelque chose de notre époque harassante, à la prétention bavarde et bruyante, semblait donner une vision du monde dont l'artiste, dans sa force plastique et son comique noir, faisait toujours davantage le sujet de ses œuvres.

Dédaignant l'Arbre pour voir la forêt, ces dernières peintures volontiers monstrueuses et grotesques, me conduisirent à penser qu'alliant la furie de la fantaisie libératrice au trait satirique d'un poète, Salle exacerbait son sujet jusqu'à saturation. De plus, cette « Comédie humaine », qui se faisait de tableau en tableau toujours plus sulfureuse, prenait une tournure plus violente dans le traitement de la partie inférieure de ces œuvres, pour la plupart diptyques. Certaines des frises tenaient du barbouillage, comme si la main du peintre s'abandonnait à la surface en un mouvement informel et soulignait toujours davantage l'opposition entre la dimension narrative et une gestuelle compulsive aux allures magmatiques. D'autres mêlaient au souvenir des premiers tableaux de l'artiste, des fragments de tous ordres, des *disjecta membra* où des figures en gestations, des silhouettes de torses antiques, des corps-prothèses faisaient écho à de possibles réminiscences de Picasso.

Torchons et chiffons du peintre servaient de supports à un bariolage affranchi de toute illustration et se substituaient à la toile. Telle une énergie souterraine, la peinture reprenait ses droits et avec elle, Salle sur son sujet. La peinture reprenait ses droits et avec elle, une cohorte de gestes compulsifs, une multitude d'expérimentations techniques et formelles, à la fois âpres et joyeuses. Je ne sais pourquoi j'ai alors pensé au merveilleux texte de Stanley Cavell, *Hollywood et la comédie du remariage*[34], dans lequel le philosophe s'attache à analyser comment des couples mariés se séparent puis finissent, au fil d'obstacles innombrables, par se retrouver : des « screwball comedies », cette fois avec la peinture, non plus avec le cinéma. Comme si en peinture comme dans la vraie vie, il avait fallu à David Salle affirmer la nécessité d'une

mort et d'une renaissance. Comme s'il fallait encore et toujours croire en la peinture, au pouvoir d'un geste libéré de toutes contraintes imitatives pour surmonter la réalité vacillante du monde dans lequel nous ne cessons de nous abîmer.

Morale bien au-delà des apparences, *Tree of Life* ou ce qu'il en reste désormais, semble également nous rappeler que la comédie humaine n'aurait sans doute pas lieu si chacun refusait de la jouer. Resterait alors à abandonner, comme le dit magnifiquement Marc Fumaroli au fil de réflexions sur la création, « le temps perdu » pour s'attacher enfin au « temps retrouvé[35] ».

Notes

1. Traduit de l'anglais par François-René de Chateaubriand, Paris, Renault, 1861 [versifié par l'éditrice].

2. Flann O'Brien, écrivain et chroniqueur irlandais de langue anglaise et irlandaise né à Strabane, dans le comté de Tyrone, le 5 octobre 1911, mort à Dublin le 1er avril 1966. *At Swim-Two-Birds* a été publié en 1939 et en français dans deux traductions dont celle de Patrick Hersant, sous le titre *Swim-Two-Birds*, Paris, Les Belles Lettres, 2002.

3. Parmi les nombreux textes suggérant un parallèle entre les œuvres de Picabia et Salle, on lira *David Salle/Francis Picabia*, catalogue publié à l'occasion de l'exposition à la Galerie Thaddaeus Ropac, Paris, 23 janvier-23 février 2013. Dans son intéressante préface, Catherine Millet rappelle la découverte que fit Salle des Picabia de la guerre dans l'exposition *Westkunst*, Cologne, 1981. Salle a cependant maintes fois expliqué que ce n'était pas tant la méthode propre à Picabia, des « Transparences » aux tableaux des années 1940, mais ce que Catherine Millet appelle « une émotion obscure, étrange qu'elle éveille en nous » qui le rapproche de l'auteur de *Femmes au Bulldog*. On notera que l'exposition de l'artiste en 2013 mettait déjà en évidence, dans certaines des œuvres présentées, une opposition entre deux écritures distinctes, l'une résolument figurative et l'autre très idéogrammatique.

4. John Dos Passos, *U.S.A. The 42nd Parallel, Nineteen Nineteen, The Big Money*, Londres, Constable & Co, 1938.

5. Hermann Broch, *Die Schlafwandler*, Zürich, Rhein-Verlag, 1931-1932 ; traduction française de P. Flachat et A. Kohn, *Les Somnambules*, Paris, Gallimard, 1956-1957.

6. Brian McHale, *Postmodernist Fiction*, Abingdon Oxfordshire, Routledge, 1987.

7. David Foster Wallace, *A Supposedly Fun Thing I'll Never Do Again*, Londres, Abacus, 1998.

8. Bruno Blanckeman, *Les Fictions singulières*, Paris, Prétexte, 2002, p. 59 ; p. 61, cité par Pierre Schoentjes, *Ironie et nostalgie*, colloque Fabula, 2008.

9. Conversation avec David Salle, juillet 2022.

10. Francis Vanoye, « Humeur à l'humour », *Gestalt*, vol. 2, no. 42, 2012, p. 141-149.

11. Ibid.

12. Gen. : 2,16-17.

13. Gen. : 3,22-24.

14. Rév. : 22,19.

15. Rév. : 22,14.

16. Rév. : 22,19.

17. Dan Graham, *Rock My Religion: Writings and Projects 1965-1990*, Cambridge, The MIT Press, 1994. Pour la traduction en français, voir *Rock My Religion*, Dijon, Les Presses du Réel, 1993.

18. Germaine Greer, *The Obstacle Race: The Fortunes of Women Painters and Their Work*, New York, Farrar, Straus, Giroux, 1979.

19. Adam Gopnik, « Shining Tree of Life: What the Shakers Did », *The New Yorker*, 13 février 2006.

20. Il est singulier de remarquer combien une si petite communauté de pas plus de 5000 croyants, ascétique sans être puritaine, a pu autant marquer nos esprits et inspirer nombre de créateurs du temps présent. Ainsi de la figure d'Ann Lee (1736-1784), émigrée avec son mari et quelques amis aux États-Unis qui forma une communauté religieuse au nord d'Albany, devenue Mother Ann qui fut envoyée en prison pour avoir été accusée d'avoir « perturbé le sabbat anglican » et dont on sait combien l'histoire, comme ses pratiques, ont inspiré nombre de nos contemporains.

21. Adam Gopnik, supra note 12. Traduit par Pascal Poyet.

22. Ibid.

23. Avital Ronell, *Stupidity*, Urbana-Champaign, University of Illinois Press, 2002.

24. On lira sur ce sujet les excellentes analyses de Wayne Koestenbaum dont notamment *Humiliation*, Picador, 2011 et Flammarion, 2012, pour la traduction française, ouvrage qualifié par la critique « d'étonnamment drôle et immensément triste », ainsi que *The Anatomy of Harpo Marx*, Berkeley, University of California Press, 2012. Koestenbaum a également été contributeur de l'importante monographie *David Salle. Immediate Experience*, éditée et avec un entretien par Sarah French, textes de Wayne Koestenbaum, Mimmo Paladino, Alberico Cetti Serbelloni Editore, Palazzo Borromeo, Milan, 2002. On lira dans l'ouvrage le riche texte de Koestenbaum intitulé *La Coppa vuota del mio disamore per me stesso*, p. 37-43. Koestenbaum y décrit un Salle « plus poétique que pop », sans doute « à la recherche d'un Paradis perdu », juste prémonition des œuvres que peint l'artiste aujourd'hui.

25. Cité dans David Salle, *How to See: Looking, Talking, and Thinking about Art*, New York, W. W. Norton & Company, 2016.

26. Ibid, p. 9.

27. Ibid. Traduit par l'auteur.

28. Eric Fischl, « My Old Friend, David », dans *David Salle. Tree of Life*, cat. exp., Skarstedt, New York, 17 septembre-30 octobre 2021, p. 133, traduit par Pascal Poyet. Ce texte inspiré met en évidence combien ce qui unit les deux artistes est avant tout la peinture et combien l'allégorie de l'Arbre de vie est, à ce titre, profondément liée à la poétique des dernières œuvres de Salle.

29. Philippe Dagen, « La mémoire du Présent », dans *David Salle. Paris Opera Paintings*, cat. exp., Galerie Thaddaeus Ropac, Paris, 2 mars-7 avril 2004.

30. *Eve's Diary* a d'abord été publié en bande dessinée à Noël 1905 pour le magazine *Harper's Bazaar* puis l'année suivante, sous forme d'ouvrage intitulé *Their Husband's Wifes*, édité par Harper & Brothers.

31. Woodrow Wilson, cité par Ronald Steel dans « Mr Fix-it », *New York Review of Books*, 5 octobre 2000, p. 19-21.

32. Voir Élise Marienstras, « Mythes, traditions et historicité dans l'histoire américaine », *Revue française d'études américaines*, no. 13, 1982, p. 9-26. L'auteure analyse combien la culture américaine a cherché à se séculariser et à effacer des pans entiers de son histoire en s'appuyant, entre autres, sur le millénarisme et sa tradition puritaine et plus généralement chrétienne. Elle souligne que le mythe d'Adam et Ève chassés du Paradis, de la tentation et de la punition a servi la construction du mythe américain, pris dans ses imbroglios et ses contradictions pour faire face non plus au mythe de l'Amérique mais à celui d'une vision plurielle, aux cultures des peuples américains ou aux cultures du peuple américain.

33. Sur Ad Reinhardt et son œuvre graphique, on lira entre autres textes sur le sujet : Thomas B. Hess, « The Art Comics of Ad Reinhardt », *Artforum*, vol. 12, no. 8, avril 1974, p. 46-51.

34. Stanley Cavell, *À la recherche du bonheur. Hollywood et la comédie du remariage*, Paris, Éditions Cahiers du cinéma, 1993.

35. Marc Fumaroli, *Le Poète et le Roi. Jean de La Fontaine en son siècle*, Paris, Éditions de Fallois, 1997.

Of Man's first disobedience and the fruit
Of that forbidden tree, whose mortal taste
Brought death into the world, and all our woe,
With loss of Eden, till one greater Man
Restore us, and regain the blissful seat
Sing, heavenly Muse...

John Milton, *Paradise Lost*, 1667

The Worm in the Fruit
David Salle's Quest for Lost Paradise

Bernard Blistène

1 I don't remember where and when I first saw David Salle's paintings. We were gripped by the fervor of the early 1980s. New York was on the offensive again. Salle was among those artists whose work was getting attention. He was up for debate. And he still is today.

This was a time of postmodern discourse. Everyone was talking about "the end of great narratives." Somewhere conceptual art had run out of steam and was giving way to a form of academicism. So it goes. Discourse was riding high, with the critics swearing by Ihab Hassan, Jürgen Habermas, Fredric Jameson and "French Theory." Not a single text, not a single commentary without its dose of eclectic rhetoric. Weapons and tools were needed to unseat the hegemonic modernist discourse.

David Salle was one of the leading figures in this debate. From the outset, he drew attention with installations and performances, as well as his fondness for live events and theater in its most experimental forms; but it was obviously those first paintings, which applied cinematic montage and split-screen techniques to composition, while also overlaying and juxtaposing images that mixed media and styles, that caught our attention [ill. pp. 12, 34]. Salle challenged the eye with an interplay of forms and signs that blurred all hierarchies and deliberately disrupted perception. I remember that the works I saw at the time sparked memories of Irish author Flann O'Brien's novel *At Swim-Two-Birds*, with its miscellany of genres as diverse as the Western and the medieval epic, the fairy tale and vaudeville.[1] For me there was something of that kind of culture and consummate irony in Salle's large paintings, like a distancing effect purposefully designed to complicate analysis.

2 A certain critical clique would have liked to simplify all this down to the "cultural logic of late capitalism": just one more commodity to placate those put off by the formal austerity of the minimal and conceptual movements. From the outset, the postmodern approach—its viral dimension, the confusions it fostered and maintained and the misunderstandings it generated—functioned as a practice of recycling and quoting, or even pastiche and parody, intended to eulogize everything that modern discourse had castigated. There was a refusal to recognize that various aspects of postmodern aesthetics could be found in works of the past, and that the shifting use of classical figures

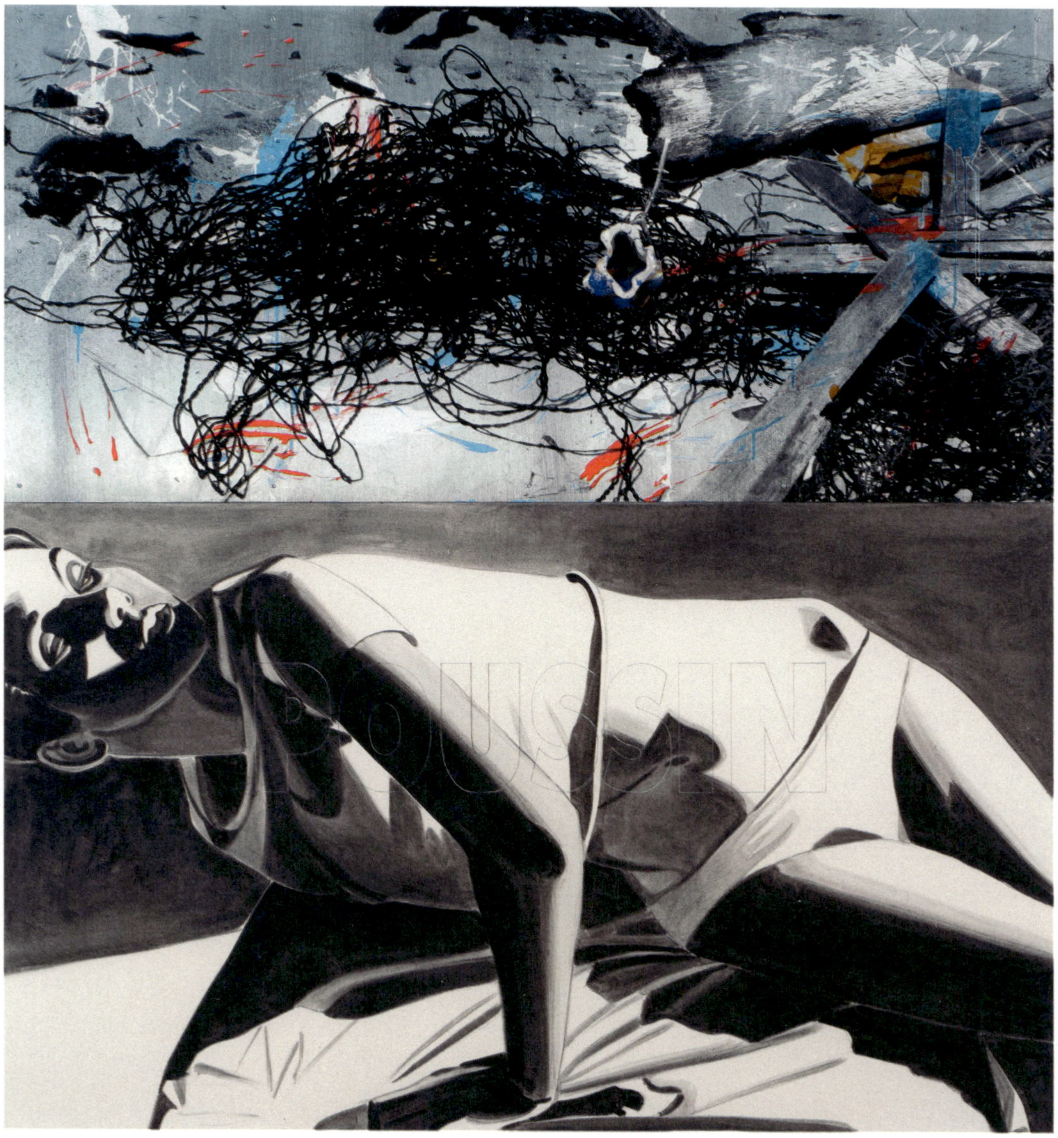

David Salle
Classicism, 2012
Acrylique et encre sérigraphique
sur panneau métallique avec céramique,
huile sur toile /
Acrylic and silkscreen ink on metal
panel with ceramic, oil on canvas
172,7 × 162,6 cm / 68 × 64 in
Classicism a fait partie de l'exposition /
Classicism was part of the exhibition
David Salle/Francis Picabia,
Thaddaeus Ropac Paris, 2013

mixed with referents from another age had fertilized the most radical modernity. One cannot ignore Salle's connection with Francis Picabia [ill. p. 34].[2] How could it be otherwise?

Anyway, rather than escaping, let's emphasize right away how quickly David Salle mastered this art of collision, this overlaying of pictorial sources on forms and disciplines from multiple backgrounds, that testified to his taste for the most sophisticated performing arts considered from every possible angle. For it struck me then that his works had all the flair of John Dos Passos' gripping three-part *U.S.A.*[3] and of the collages and skewings of that other splendid trilogy, Hermann Broch's *The Sleepwalkers*.[4] Two examples, among others, of writers bent, in one instance, on a comprehensive picture of the United States during the Depression, and in the other, on the loss of values in western Europe. In both cases, the reality was complex and could only be understood through the multiplicity of contrasts between the different referents staged by their respective authors. A complex reality not reduced to simple clichés. A complex reality in which our image environment intertwines with the world of memories that assail us. Collective and personal imagination, a desire to revive the most traditional codes by juxtaposing them with the most private ones: the great theorist Brian McHale[5] is undoubtedly right in comparing the difference between modernism and postmodernism to that between epistemology and ontology. I'm inclined to think that this is precisely what is at stake in David Salle's work: a theory of knowledge versus a theory of being.

3 My purpose in signaling these different issues is to emphasize just how rich and ambitious David Salle's project appears to me. It is no more a question of virtuosity than of elegance. And don't get me wrong. In his early images, often dark and matte and dominated by a kind of *grisaille*, a touch of melancholy keeps showing through [ill. p. 15]; but it's probably a form of what the great art historian Jean Clair calls "paradoxical melancholy," meaning that the transitory state of crisis leads to overcoming these states of sadness. Even so, Salle's work is closer to a form of what the philosophers Jean Starobinski and Wolf Lepenies term a "distancing" from our disenchantment with the world we live in. Here we find the "postmodern irony" so often highlighted by the exegetes of the artists of this tendency: a "suspensive," not to say "ambiguous" irony which, as we know, renders the postmodern version suspect in its implied detachment, not to say its gratuitousness or superficiality.

Read David Foster Wallace,[6] author of *Infinite Jest* (1996), who accuses irony of having compromised itself with the consumer society, of deserting the critical observers for the cynical manipulators. Read how urgently the debate triggered by 9/11 called for the end of irony and its various eulogists. Read, too, the rhetoric to the effect that the contemporary artist wielding irony does so only to "appropriate what precedes him while marking his difference."[7] Irony, therefore, but humor too. David Salle himself acknowledges this: "I have always been a painter of melancholy, but after all, humor is melancholy."[8]

Humors and humor. Same etymology, as revered gestalt therapist Francis Vanoye reminds us in an excellent article dating from 2012: "Does the theory of humors allow us to distinguish different forms of humor: aggressive (nasty), anxious (bilious), melancholic (black), phlegmatic (cool)?"[9] And if you had to define which of these categories Salle's work might belong to, most likely you'd unhesitatingly reply that it fits them all. Personally I would even go so far as to say that, in many respects, it's redolent of what is often called "the politeness of despair." For everything is there: anxiety, melancholy, phlegm and, to quote Vanoye again, "Why not the pleasure of playing a good trick on misfortune, of attacking the gods while mocking the fates they allocate us."[10] Whatever you do, *Tree of Life* is not far away.

4 The origins of the Tree of Life myth are not recent. Not by a long shot. And an essay like this one could never do justice to its intricacies. Let us say that the motif undoubtedly takes us back to the beginnings of history and symbolizes the power of life and its origins. Let us call this moment "the dawn of time." But its meaning is so complex that you end up completely lost. What's more, according to some interpretations, the Tree of the Knowledge of Good and Evil and the seven-branched candlestick might be its variants. The Tree of Life is equivalent to the archetypal pagan tradition of the World Tree [ill. p. 37].

In the Bible, the Tree makes its first appearance early in the book of Genesis, in the second account of Creation, together with the Tree of the Knowledge of Good and Evil. But be careful not to confuse the former, a symbol of immortality, with the latter. In these scriptural passages, God gives humanity, personified by Adam and Eve, this formal command: "You may eat of the fruit of every tree in the garden, but you shall not eat of the fruit of the Tree of the Knowledge of Good and Evil, for the day that you eat of it you shall surely die" [ill. p. 37].[11]

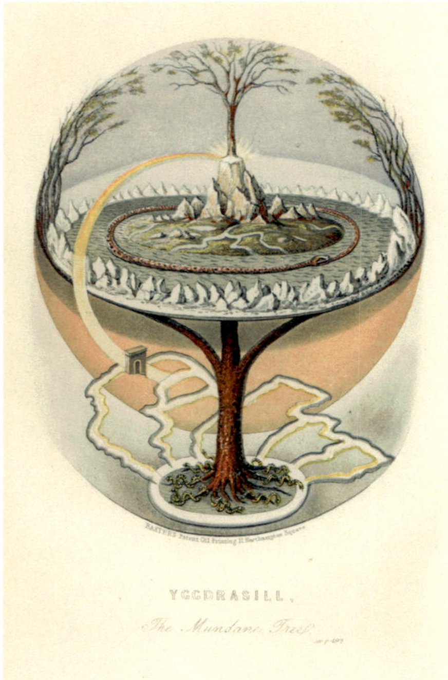

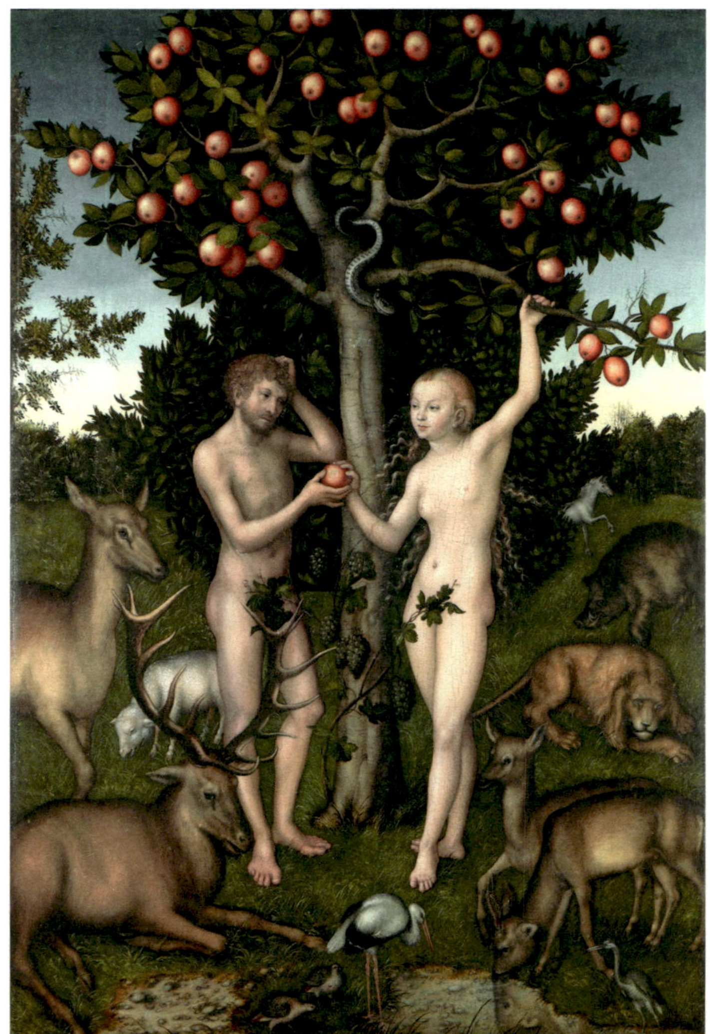

Ci-dessus / above
Oluf Olufsen Bagge
Yggdrasil, The Mundane Tree, 1847
18 × 12 cm / 7 1/8 × 4 3/4 in
Frontispice de / Frontispiece of
Finnur Magnússon, *Northern Antiquities,*
London: Henry G. Bohn, 1859.

À droite / right
Lucas Cranach l'Ancien / Lucas Cranach the Elder
Adam et Ève / Adam and Eve, 1526
Huile et tempéra sur érable /
Oil and tempera on maplewood
117 × 81 cm / 46 × 31 7/8 in

Once man has freely committed Original Sin, the Tree of the Knowledge of Good and Evil is quite distinct from the Tree of Life, as is made explicit in the following passage: "Now let him not put forth his hand and take of the Tree of Life, that he may eat of it and live for ever! And the Lord God brought him out of the Garden of Eden to till the ground from whence he was taken. And he drove out man, and set the Cherubim with the flaming sword at the east of the Garden of Eden to guard the way to the Tree of Life."[12]

But the Tree of Life is also mentioned several times in the book of Revelation, the epilogue to the Bible (as the book of Genesis is its prologue), in such passages as: "He who has ears to hear, let him hear what the Spirit says to the Churches. To him who overcomes, I will give to eat of the Tree of Life, which is in God's paradise."[13] Further on: "Blessed are those who wash their robes, that they may have the right to the Tree of Life."[14] And lastly: "If anyone takes away words from this prophetic book, God will take away his share of life and of the holy city."[15]

5 I enjoy recalling all this. Not that I want to play the philologist or theologian, which I am most definitely not, or put together an exegesis I am quite incapable of; but I know, because I know David Salle, that he has gone into these matters and that he did not go looking for the subject by chance. Moreover, I suspect that he went into it in depth. And I imagine him going to see what it was all about in the Kabbalah, where the Tree of Life symbolically represents not only the Laws of the Universe, but also the Creation, that of both the macrocosm and the microcosm.

For our purposes, however, there's something else with the potential for a profusion of meanings: something else that Salle may have picked up in the Book of Mormon, where the prophet Lehi, father of Nephi, who led his people to a promised land on the American continent, recognizes in a vision the Tree of Life, which he sees as the greatest of God's gifts. He sees an iron bar, a narrow, constricted path, and enveloping mists of darkness. Unless, as was mentioned in the course of our conversations, Salle had gone deeply into the culture of the Shakers in New England, whose considerable influence on American culture is well known.

Theirs is a rich history of ecstatic cultic practices combining dance and glossolalia, which artist Dan Graham (1942–2022) studied at another time in the various avatars of his seminal essay, "Rock My Religion."[16]

In New Lebanon, on a ribbon of valley winding between the Taconic Mountains, one can see Mount Lebanon, where Sassafras Farm still stands today: home to the first official Shaker sect, the seat of its religious authority and the sacred place of the community that flourished until the early 20th century. I cannot imagine that the deeply refined and cultured Salle would have passed up the chance to contemplate the famous drawings of Hannah Cohoon, who became, when she was 29 years old, a member of the Hancock Shaker Village in 1817, a member of the covenant in 1823, and a repository of the spiritual vision of the believers through "gifts" received from the Holy Spirit; gifts which materialized in the form of messages, songs and some wonderful drawings on paper which have come down to us today.

Among them, note *The Tree of Light or Blazing Tree* (1845) [ill. p. 18], *The Tree of Life* (1854) [ill. p. 40] and *A Bower of Mulberry Trees* (1854), works inspired by Cohoon's vision of her Shaker elders celebrating under the mulberry trees. Note, too, the depiction of these holy festivals at biennial meetings, with the doves overhead representing the blessings the believer would experience in heaven. In her fascinating book *The Obstacle Race: The Fortunes of Women Painters and Their Work*, Germaine Greer compared Cohoon's drawings to the depiction by early Catholic artists of an "earthly paradise with fruit trees in bloom."[17] Consider these unaffected works, with their rigor and poetry, and remind yourself that Salle undoubtedly found material there. Material emblematic of a busy fringe community, austere but inspired: something for which he felt the desire and the need to go and look at closely.

6 While explaining to me the origin of the series of paintings that we have here, Salle drew my attention to these early images. The figure of the tree and its roots interested him in more ways than one. Of course, one cannot enter the history and iconography of these representations without bearing in mind the wealth of images linked to the dogma of Original Sin. And I am convinced that Christianity, which very early on equated the Cross of Christ with the Tree of Life—for it too restored life, this time eternal, to fallen humanity—remains an essential concern for any artist interested in epistemology.

But the figure of the Tree was probably attractive to Salle also as a figure of style and narrative structure. From the roots to the fruit, its inherent symbolism could only be perceived as the perfect metaphor

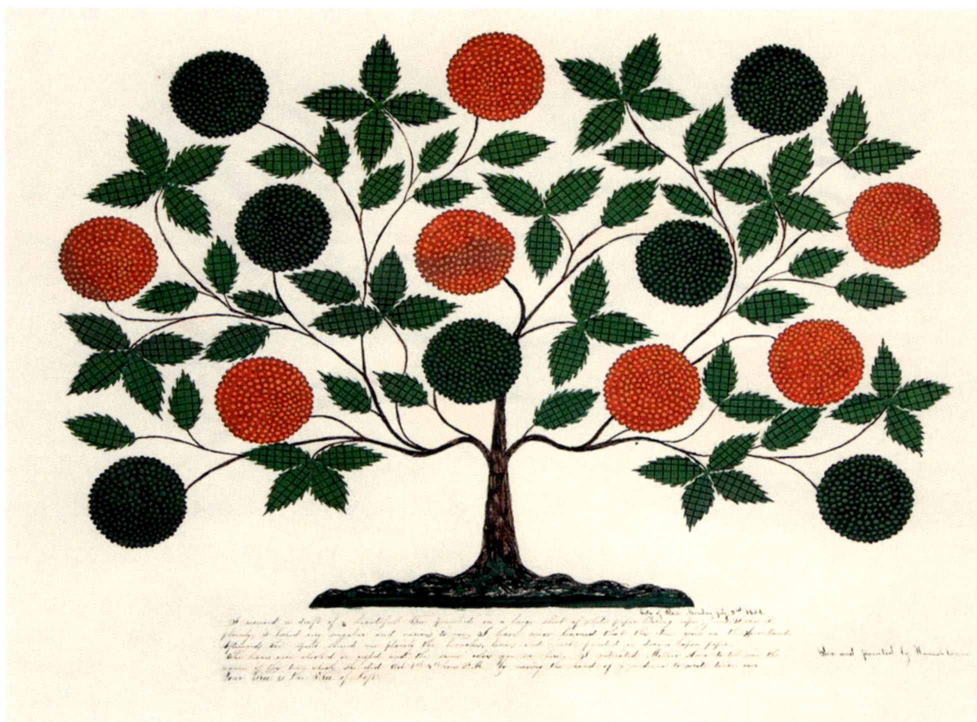

Hannah Cohoon
The Tree of Life, 1854
Encre brune et aquarelle sur papier blanc /
Brown ink and watercolor on white paper
63,8 × 75,7 cm / 25 $^{1}/_{8}$ × 29 $^{3}/_{4}$ in
Collection of Hancock Shaker Village,
Pittsfield, MA

for creation, which our artist would be keen to interpret as he saw fit. The Tree of Life would thus certainly be the tree of immortality, but also of the immortality of art as opposed to our mortal destinies. But, at the same time, it would also be the tree of forbidden fruit and disobedience, no doubt a possible metaphor for the act of painting when the artist breaches the rules and conventions in order to invent his own laws. It is here that this series of paintings and works on paper by David Salle on the Tree of Life theme drew my attention.

Another point also caught my interest: in his article for *The New Yorker*, titled "Shining Tree of Life," the great essayist and critic Adam Gopnik wrote that the Shakers' drawings, and Cohoon's above all, were "among the key drawings of American art, with a tonic sense of abundance: all the apples just alike, each with its rub-on of rouge, like the blush applied by an adolescent girl—allied to obsessive order."[18] I like to imagine that Salle had this text in his hands, and I want to imagine here that the link was made between the article written when these drawings were being sold at Sotheby's in 1997 and our artist's latent desire to take up the theme.

Gopnik also analyzes with great subtlety the paradox of an austere community, not to say a sect, which became an authentic trademark through the production of its everyday objects.[19] He also reminds us that the drawings made by some Shakers, of which only four by Hannah Cohoon remain today, must be seen as "gifts from heaven" and nothing else. Among them, the famous *Tree of Light or Blazing Tree* [ill. p. 18], "shows us a vision seen in a dream: a tree with each leaf embroidered with fire, part of the usual Shaker iconography, but also alarming in its overcharged richness."[20]

And I like the idea underscored by Gopnik when he adds:

> "American art benefits from the fanatic, as American writing does not: the visual arts threaten to disappear back into the big jumble of things we see and own unless they are marked by some kind of extremism. Writers may be Friends, but artists are Believers, or they are not much. The twin legacy of Shakerism is true to the twin roots of the Shakers' vision: they remain both as a model of wild-eyed and unreal renunciation and as makers of simple good things. The shining tree of life is a tree of light that illuminates the way for believers. It is also on fire, and can only be consumed."[21]

7 So here we are at the heart of the matter: a group of paintings and works on paper orchestrated around the Tree of Life and echoed in a fine article published in *The New Yorker* about the Shakers and, among other things, their rare surviving drawings on the same theme. In fact, this clever game that Salle sets up by bringing together the Tree of Life and Peter Arno's drawings for the famous magazine, does not seem to come out of nowhere. There is no such thing as non-objective coincidence, and looking at *The New Yorker*, it seemed to me that this suite of paintings could also be seen as a tribute to the spirit of the magazine. A tribute to its subtle, sophisticated spirit. A tad dandyish in the Baudelairean sense: a way of looking down on the world. And smiling.

Like everyone else, I love *The New Yorker* for its cosmopolitanism and its incisive understanding of everyday America. Its column "Talk of the Town" is a perfect blend of news and self-deprecation. I love its contributors, from Truman Capote to Philip Roth, from John Updike to Donald Barthelme and so many others; its capacity to deliver sketches and slices of life of a neurotic New York; its humor, sophisticated and never vulgar; and, of course, its illustrators like Peter Arno and William Hamilton, who portray a petty-bourgeois world grappling with itself. All these aspects make this magazine, which I like to think of as a review, one of the most intelligent contributions to the American press, a form of denunciation which, behind the laughter, evokes what Avital Ronell, who underlines the declining empire of our relationship to knowledge, has stigmatized (not without irony) in her formidable work, *Stupidity*.[22] And I would like to believe that in many respects, David Salle's *Tree of Life* is an invitation to investigate both ignorance and knowledge, good and evil, with the necessary humor that a painting can offer to the undoubtedly dazed and confused viewing eye.

I bring all this up with Salle. He tells me how, from the depths of his melancholy, he has always been sensitive to the absurd comedy of our world and has often tried to convey this in his paintings. Nothing could be more accurate here, looking at works that mix, or rather juxtapose, the most ordinary images with the myth of the second chapter of Genesis, in such a way that each painting leads us to ask ourselves: What would be, for a painter, the original sin and the forbidden fruit?

8 So let's take a closer look. This corpus of around twenty principal works comprises—for the most part—vast compositions which at first glance seem lighter and more playful than usual, and are undoubtedly less melancholic than their predecessors. Burlesque is everywhere, to the point of generating sitcom—a Marx Brothers effect[23]—which draws its strength from the incongruous alliance between the subject and the transposed and metamorphosed characters from the drawings of the formidable caricaturist Peter Arno. We no longer know who is watching what. We no longer know if America is trapped in its own history and if the Tree of Life that structures the composition is not the sign among signs of an allegory too often forgotten by a world subject to all the temptations.

But to take matters further, one of the singularities of this magnificent ensemble lies in the separation Salle establishes between the cartoonist's characters and the myth; but also, in most of the paintings that make up the series, between the upper part of the composition and the lower part, which acts as a sort of incongruous, abstract predella. It is as though something irreconcilable inhabits each painting: a lost myth, a world of today as dazed as it is confused, a tree that takes root in an indefinable magma of forms and proliferating hybrid signs, so as to blossom and impose its law within the composition. Probably something like the world was at its beginning, and what it would have unfailingly become.

As Salle repeats over and over, "A painting creates a problem." And, I would probably add, "a problem not readily solved." The *Tree of Life* works are less easily grasped than they seem. Plus, they are probably even more complex than one would like to believe. I dissect them and let myself be seduced by their colors as well as by the joyous jumble of images and signs arranged around the Tree of Life and its stylized snake which anchor most of the compositions. At the heart of this crafty disorder, the multicolored Tree seems to preside imperiously over a swarming mass of information, without the least key being offered to us. "The principle of connection between forms" as well as that of "juxtaposition" between them, both dear to the artist, is the governing principle *par excellence* for the organization of each painting. Salle insists on the arbitrariness of any work and the choice it imposes. Here I am reminded of Karl Kraus—"I only dominate the language of others; mine seeks to do with me what it wants"[24]—as I come upon the beautiful anthology of painters' texts assembled by Salle in 2016 and

titled *How to See*. In his introduction, he reminds us of the essential: "What makes a work of art tick, what makes it good, what makes it interesting?"[25] Everything is said here.

9 In his superb text for the *Tree of Life* exhibition (2021, New York), devoted to his "old friend," Eric Fischl reminds us of how much painting is their life. I like above all, "Paint is our elemental material. For us, it is the stuff of life; the creative imagined life. It is our sacred material as well as our mess, our chaos, our soup."[26] I love the beautiful virtuosity with which Fischl points out that there is nothing to read in Salle's paintings other than a story in which a painter confronts himself on a simple surface, facing the blank canvas in the moment of reinventing his subject and his art.

For *Tree of Life* is indeed the outcome of a complete reinvention and undoubtedly the search for a lost paradise. The theme, certainly, which sees this new series of jubilant paintings abandon the "image fatigue" Philippe Dagen spoke of in connection with the *Paris Opera Paintings* series of 2003–2004.[27] The technique, too: the clash between the transposition of Peter Arno's alert images and the invention of the Tree (with its snake) which structures the space so as to plant its roots in a colorful, gestural magma; and the way this latter, on its own, combines a large part of American painting and referents drawn from multiple stories, including those which orchestrate the abundance of information each of Salle's works confronts us with. Not to mention a (renewed) temptation to say that these works open up David Salle's art to a new life.

Moreover, all forms of writing have disappeared. All lettering, as so often happens in his work, has been removed. All the captions and dialogue Peter Arno used in his drawings have also disappeared. And one can only smile at the idea that the beautiful legend of Adam and Eve somehow abridges Peter Arno's images as a way for Salle to draw the lesson and the moral of the story and tell us that each era has the gods it deserves.

10 Next I want to include *Tree of Life* in a cohort of memorable works. Hence Mark Twain's wittily satirical *Eve's Diary* (1906) [ill. pp. 24, 45] and the marvelous *Diary of Adam and Eve* published posthumously in 1931.[28] Also artist John William "Uncle Jack" Dey's *Adam and Eve*

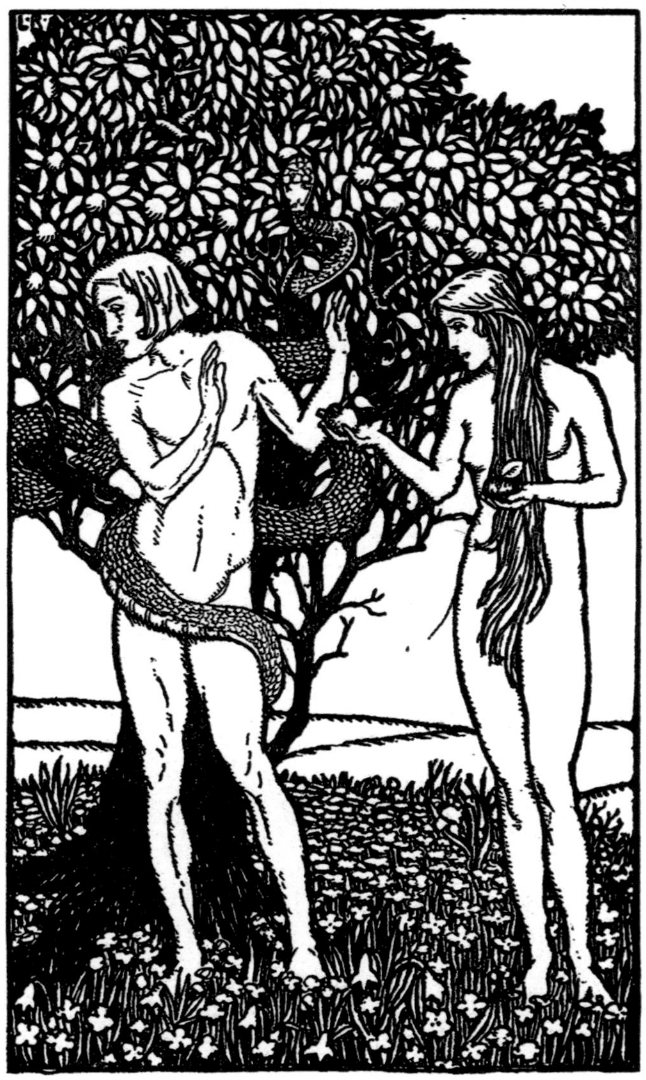

Mark Twain
Eve's Diary, 1906
Illustration de / by Lester Ralph, page 12
Harper & Brothers, New York

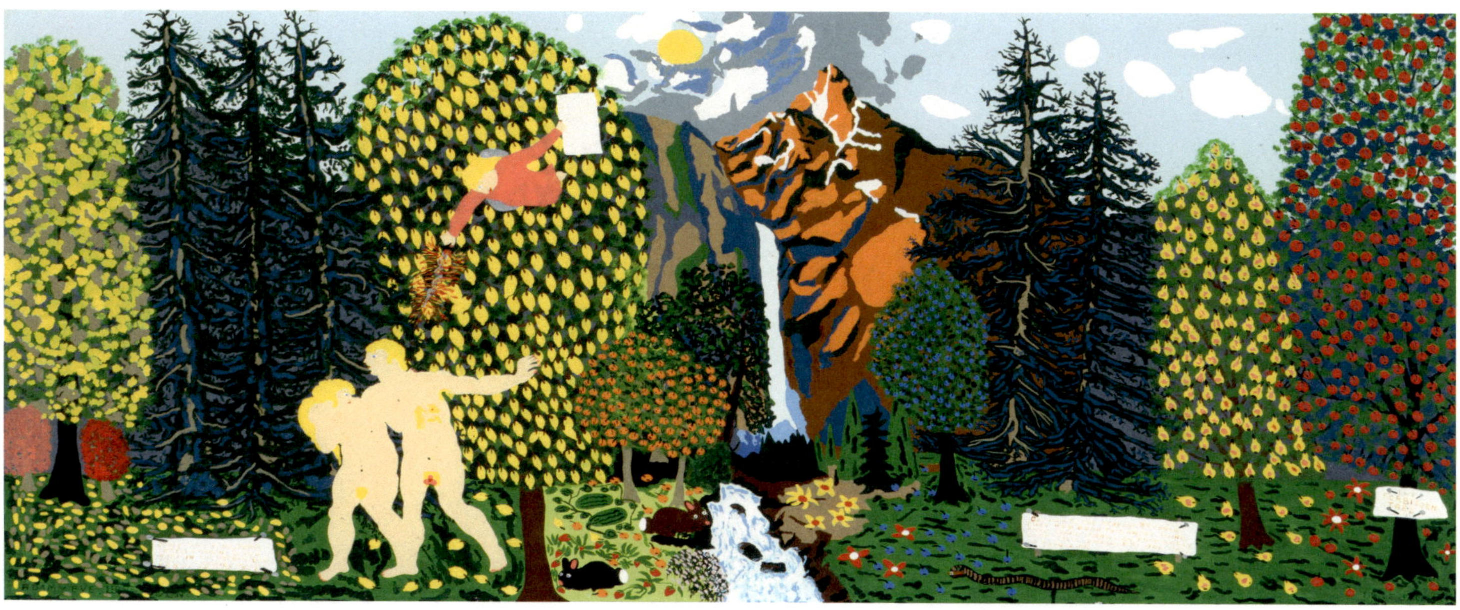

John William "Uncle Jack" Dey
Adam and Eve Leave Eden, 1973
Maquette d'avion, émail sur panneau de fibres /
Model airplane, enamel on fiberboard
58,7 × 119,4 cm / 23 $^{1}/_{8}$ × 47 in
Smithsonian American Art Museum, Washington, DC

Leave Eden (1973) is adorned with stripes and splashes of pure color to evoke Eden's lush surroundings [ill. p. 46]. Notable also is *The Apple Tree*, a series of three musical sketches composed by Jerry Bock and Sheldon Harnick in 1966, or more recently Stephen Schwartz's 1991 musical, *Children of Eden*. The list is endless.

And if David Salle is primarily staging a history of painting, I want to believe that he is also staging a history which, from the Shakers up to the present day, tells how America has transposed the mythologies of the past onto its own soil. For there is, in *Tree of Life*, obviously something of a history of America, of a land of pioneers and immigrants that has never ceased to build and structure itself upon founding myths; and this to the point that the myth of manifest destiny attributes to America the exceptional role, that of exporting democracy and freedom to the world and making people forget the violence of the conquest of the West, the tragedy of the American Indians and of the neighboring peoples.

So it is frightening to read that, at the beginning of the 20th century President Woodrow Wilson attributed a universal mission to America: "I believe that God presided over the birth of this nation and that we are chosen to show the way to the nations of the world."[29] I like to think that, in the guise of farce, Salle also recalls that American history that Élise Marienstras has described with such subtlety, highlighting the extent to which the appeal of myth played a crucial role in the construction of the American nation-state.[30] For America has not hesitated to embody the realization of the age-old dreams and legends of humanity in order to find its *raison d'être*.

What if the tree hid the forest?

As we Skyped and searched for the impossible inventory of works that touch on the subject, Salle reminded me of Ad Reinhardt's "famous cartoon" published on June 2, 1946 in *PM*: "How to Look at Modern Art in America" [ill. p. 49], arguably the most famous satire in the *PM* series and Reinhardt's first "tree," remained pinned to the walls of artists' studios across the country for many years. The tree itself, and many of its leaves, closely follow a cartoon by Mexican painter and cartoonist Miguel Covarrubias, which appeared in *Vanity Fair* magazine in 1933

and was widely admired. But it lacked the corrosive mockery of the Reinhardt version, which parodied the synoptic images of the modernist movements, particularly the famous diagram by Alfred H. Barr, Jr. which had been widely used as a teaching aid in colleges for the construction of the myth of American painting.

Reinhardt himself was never published in *The New Yorker*, but in the late 1930s and 1940s he was known as a prolific cartoonist for a wide range of clients, including the Brooklyn Dodgers, *Glamour*, Macy's, the National Council of American–Soviet Friendship, *New Masses*, the *Saturday Evening Post*, and *Ice Cream Field*, the ice cream trade publication for which he was art director. "He was a master painter," Robert Storr wrote, "but he was also a master cartoonist."[31]

From then on, more than just another myth, the worm was in the fruit, and *Tree of Life* would offer Salle the jubilation of taking over the myth of "the last painting" from the ascetic painter. But Reinhardt distanced himself so that the *Tree of Life* would become a metaphor and an allegory for the immortality of painting, thumbing the nose at all those who, in pseudo-prophetic utterances, ceaselessly announce its extinction.

In the summer of 2022, as I was finishing this text and we were coming out of a much too long confinement that had distanced us from the world, David Salle created a new series of paintings. I was not able to see them in person but received images, which prompted me to add a few lines to my essay. Though the selection had kept the same title, some of the trees had disappeared or been treated in an elliptical manner. Other paintings had been populated with an even denser jumble, treated in most cases in *grisaille*. Black and white competed with color. In this theater of the ordinary, something of our exhausting epoch, with its chatty and clamorous pretension, seemed to offer us a vision of the world which the artist, with his visual strength and black humor, had even further made the subject of his works.

Scorning the Tree to glimpse the forest, these last paintings, which are voluntarily monstrous and grotesque, led me to think that in combining the fury of the liberating fantasy with the poet's satirical stroke, Salle had exacerbated his subject to the point of saturation. What's more, this "Human Comedy," which became more sulfurous

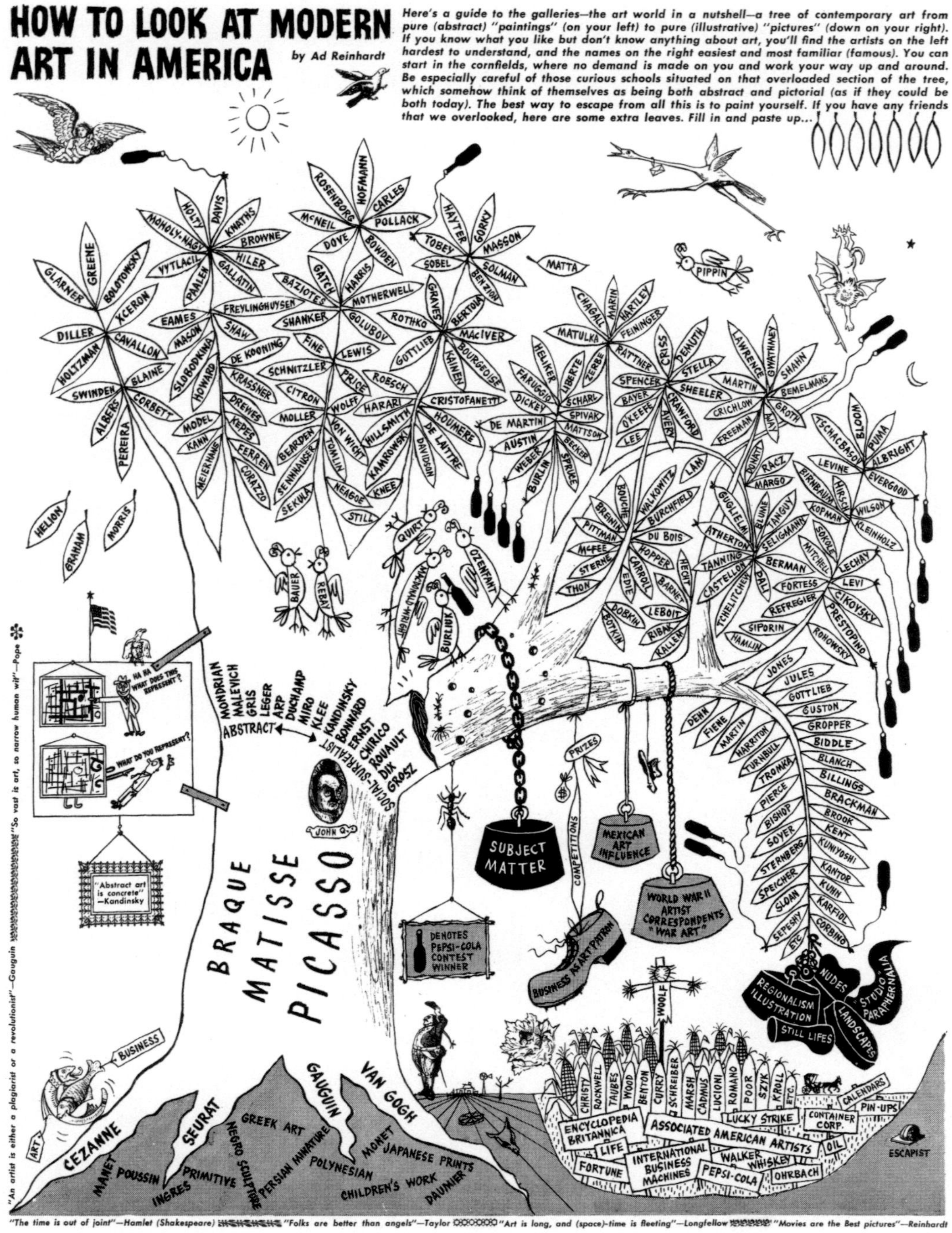

Ad Reinhardt
How to Look at Modern Art in America, 1946
Publié dans / Published in
PM, vol. 6, no. 299, 2 July 1946, page 13

with each painting, was now taking a more violent turn in his treatment of the lower part of these mostly diptych works. Some of the friezes were like daubs, as if the painter's hand had abandoned itself to the surface in an informal movement, stressing further and further the opposition between a narrative dimension and compulsive gestures with magma-like textures. Others mixed, evocative of the artist's first paintings, with fragments of all kinds, *disjecta membra* where gestating figures and silhouettes of ancient torsos echoed possible reminiscences of Picasso.

Substituting for canvas, painter's rags and cloths were used as supports for a motley collection liberated from all illustration. Like a subterranean source, painting regained its rights and, along with it, Salle those of his subject. Painting regained its rights and, along with it, a cohort of compulsive gestures, a multitude of technical and formal experiments, at once bitter and joyful. I am not sure why I thought of the marvelous text by Stanley Cavell, *The Comedy of Remarriage*,[32] in which a philosopher analyzes how married couples separate and then end up, after countless obstacles, finding each other again. "Screwball comedies," but this time with painting, not cinema. As if both in painting and in real life, David Salle had to affirm the necessity of death and rebirth. As if it were still necessary to believe in painting, in the power of a gesture liberated from all imitative constraints, as to overcome the reality of a world which endlessly absorbs us.

A moral far beyond appearances, *Tree of Life*, or what is now left of it, seems to also remind us that the human comedy would probably not take place if everyone refused to play it. In that case, as Marc Fumaroli so magnificently put it in his reflections on creation, the only thing left to do would be to abandon "lost time" as to finally engage with "found time."[33]

Notes

1. Flann O'Brien, Irish writer and columnist born in Strabane, County Tyrone, 5 October 1911, died in Dublin 1 April 1966. *At Swim-Two-Birds* was published in 1939 and in two French translations, one by Patrick Hersant under the title *Swim-Two-Birds* (Paris: Les Belles Lettres, 2002).

2. Among the numerous texts suggesting a parallel between Picabia and Salle, one should read *David Salle/Francis Picabia*, the catalog for the exhibition of the same name held at Galerie Thaddaeus Ropac, Paris, 23 January– 23 February, 2013. In her interesting preface, Catherine Millet recalls Salle's discovery of the wartime Picabias at the *Westkunst* exhibition in Cologne in 1981. Salle, however, has repeatedly explained that the rapprochement with the painter of *Women with Bulldog* was due not so much to Picabia's actual method, from the *Transparencies* to the paintings of the 1940s, as to what Millet calls "an obscure, strange emotion that it awakens in us." One may note that the artist's 2013 exhibition highlighted, in some of the works, an opposition between two distinct styles, one resolutely figurative and the other very ideogrammatic.

3. John Dos Passos, *U.S.A. The 42nd Parallel, Nineteen Nineteen, The Big Money* (New York: Houghton Mifflin, 1960 [1938]).

4. Hermann Broch, *The Sleepwalkers*, translated by Willa and Edwin Muir (London: Secker, 1932).

5. Brian McHale, *Postmodernist Fiction* (Abingdon, Oxfordshire: Routledge, 1987).

6. David Foster Wallace, *A Supposedly Fun Thing I'll Never Do Again* (London: Abacus, 1998).

7. Bruno Blanckeman, *Les Fictions singulières* (Paris: Prétexte, 2002), 59, 61.

8. Conversation with the artist, July 2022.

9. Francis Vanoye, "Humeur à l'humour," *Gestalt 2*, no. 42 (2012): 141–9.

10. Ibid.

11. Gen. 2:16–17.

12. Gen. 3:22–24.

13. Rev. 22:19

14. Rev. 22:14.

15. Rev. 22:19.

16. Dan Graham, *Rock My Religion: Writings and Projects 1965–1990* (Cambridge: The MIT Press, 1994).

17. Germaine Greer, *The Obstacle Race: The Fortunes of Women Painters and Their Work* (London: Secker & Warburg, 1979).

18. Adam Gopnik, "Shining Tree of Life: What the Shakers Did," *The New Yorker*, February 5, 2006.

19. It is striking that such a small community—no more than 5,000 believers, ascetic without being puritanical—has been able to leave such a mark on our minds and inspire many present-day creators. Thus the figure of Ann Lee (1736–1784), who emigrated with her husband and a few friends to the United States and formed a religious community north of Albany; she became Mother Ann, who was sent to prison for allegedly having "disturbed the Anglican Sabbath," and whose history and practices have inspired many of our contemporaries.

20. Gopnik, "Shining Tree of Life."

21. Ibid.

22. Avital Ronell, *Stupidity* (Urbana-Champaign: University of Illinois Press, 2002).

23. See Wayne Koestenbaum's excellent analyses of this subject, including *Humiliation* (London: Picador, 2011), a work described by the press as "astonishingly funny and immensely sad," as well as *The Anatomy of Harpo Marx* (Berkeley: University of California Press, 2012). Koestenbaum was also a contributor to the important monograph *David Salle: Immediate Experience*, edited and with an interview by Sarah French, with texts by Koestenbaum and Mimmo Paladino (Milan: Alberico Cetti Serbelloni Editore, 2002). Koestenbaum's rich text *La Coppa vuota del mio disamore per me stesso*, 37–43, can be found in the monograph. Koestenbaum describes a "more poetic than pop" Salle, undoubtedly "in search of a lost Paradise," in a fair premonition of the works the artist is painting today.

24. Quoted in David Salle, *How to See: Looking, Talking, and Thinking about Art* (New York: W. W. Norton & Company, 2016).

25. Ibid, p. 9.

26. Eric Fischl, "My Old Friend, David," in *David Salle: Tree of Life* (New York: Skarstedt, 2022), 133. Published in conjunction with an exhibition of the same title, organized by and presented at Skarstedt Gallery, New York City, 17 September – 30 October, 2021. This inspired text highlights the extent to which painting, above all, is what unites the two artists and how the allegory of the Tree of Life is, as such, deeply linked to the poetics of Salle's most recent works.

27. Philippe Dagen, “La mémoire du Présent” in *David Salle: Paris Opera Paintings* (Paris: Thaddaeus Ropac, 2004). Published on the occasion of an exhibition organized at Thaddaeus Ropac gallery, 2 March–7 April 2004.

28. *Eve's Diary* was first published at Christmas 1905 in *Harper's Bazaar* and in book format, with the same title, in June 1906, under the Harper & Brothers imprint.

29. Woodrow Wilson, quoted by Ronald Steel, “Mr Fix-it,” *New York Review of Books* (5 October 2000), 19–21.

30. See Élise Marienstras, “Mythes, traditions et historicité dans l'histoire américaine,” *Revue française d'études américaines*, no. 13 (1982): 9–26. The author analyzes the extent to which American culture has sought to deepen its roots while erasing whole sections of its history by relying on, among other things, millenarianism and its Puritan—and, more generally, Christian—tradition. Marienstras emphasizes that the myth of Adam and Eve driven out of Paradise, of temptation and punishment, has served the construction of the American myth, caught up in its imbroglios and contradictions, in order to face not the myth of America but that of a pluralist vision: the cultures of the American *peoples* or the cultures of the American *people*.

31. Regarding Ad Reinhardt's illustrations, interesting texts include Thomas B. Hess, “The Art Comics of Ad Reinhardt,” *Artforum* 12, no. 8 (April 1974), 46-51.

32. Stanley Cavell, *À la recherche du bonheur, Hollywood et la comédie du remariage*, (Paris: Éditions Cahiers du cinéma, 1993).

33. Marc Fumaroli, *Le Poète et le Roi, Jean de La Fontaine en son siècle*, (Paris: Éditions de Fallois, 1997).

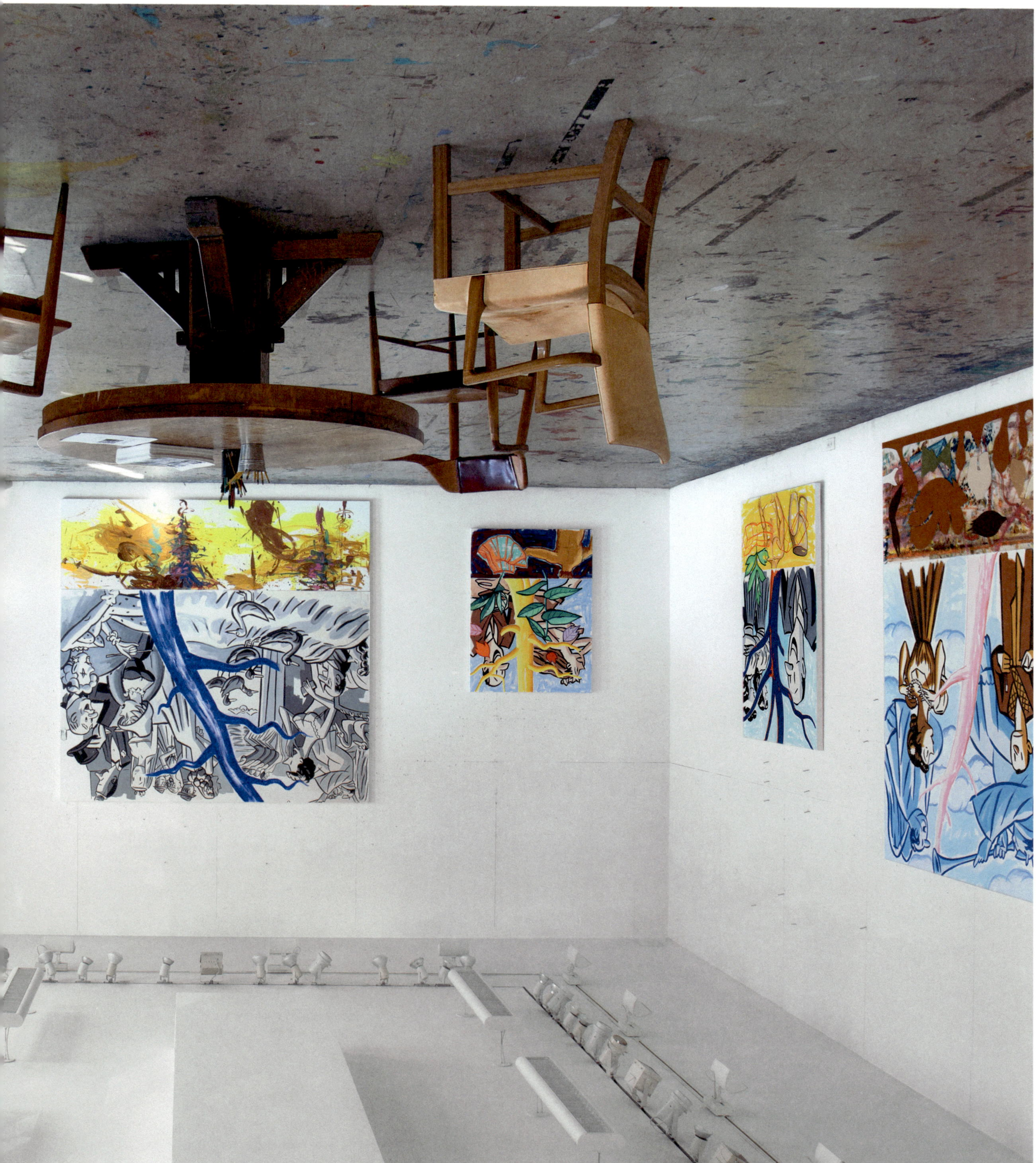

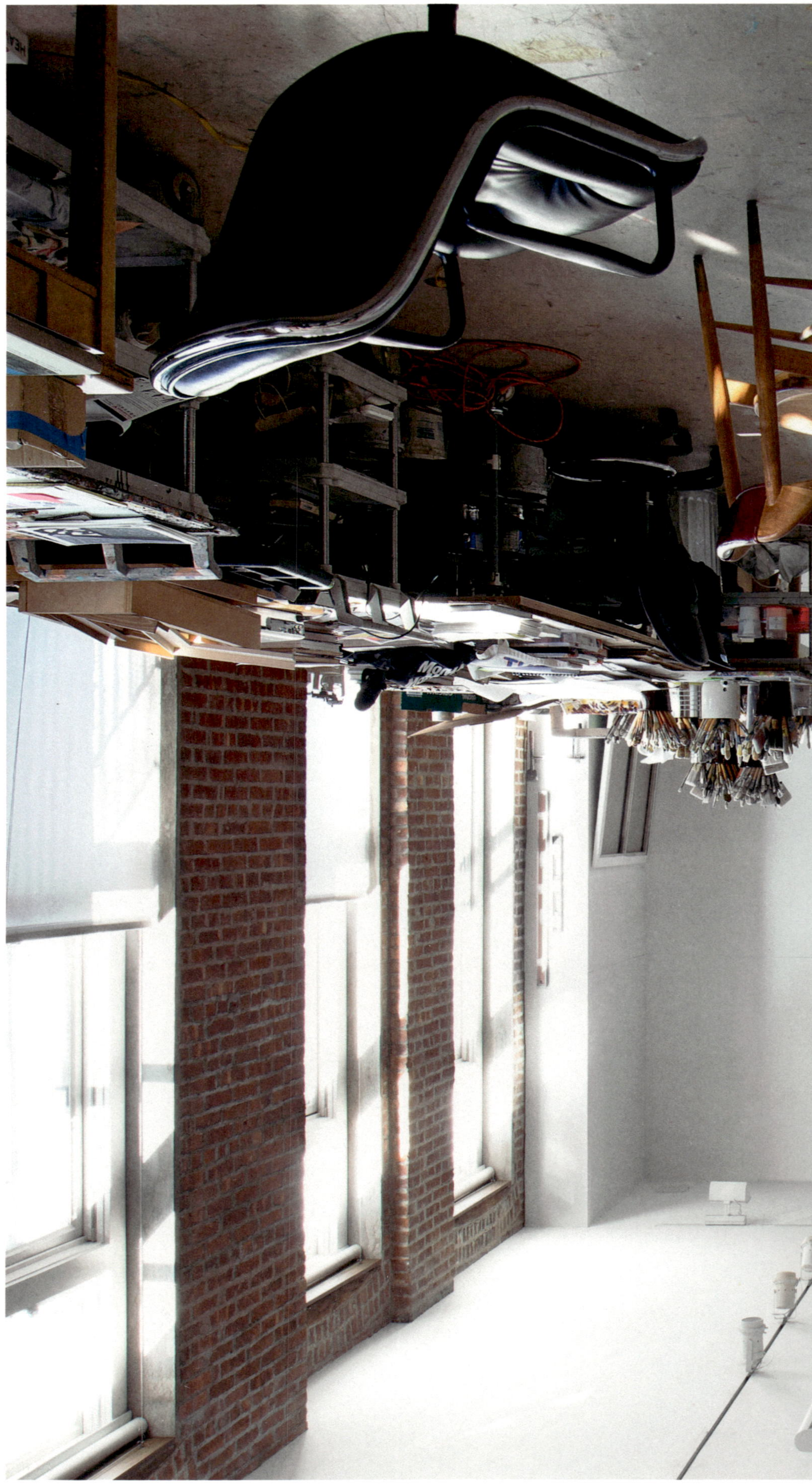

Tableaux
Paintings

Tree of Life, Cowboy's Lament
2022
Huile et acrylique sur lin / Oil and acrylic on linen
142,2 × 106,7 cm / 56 × 42 in

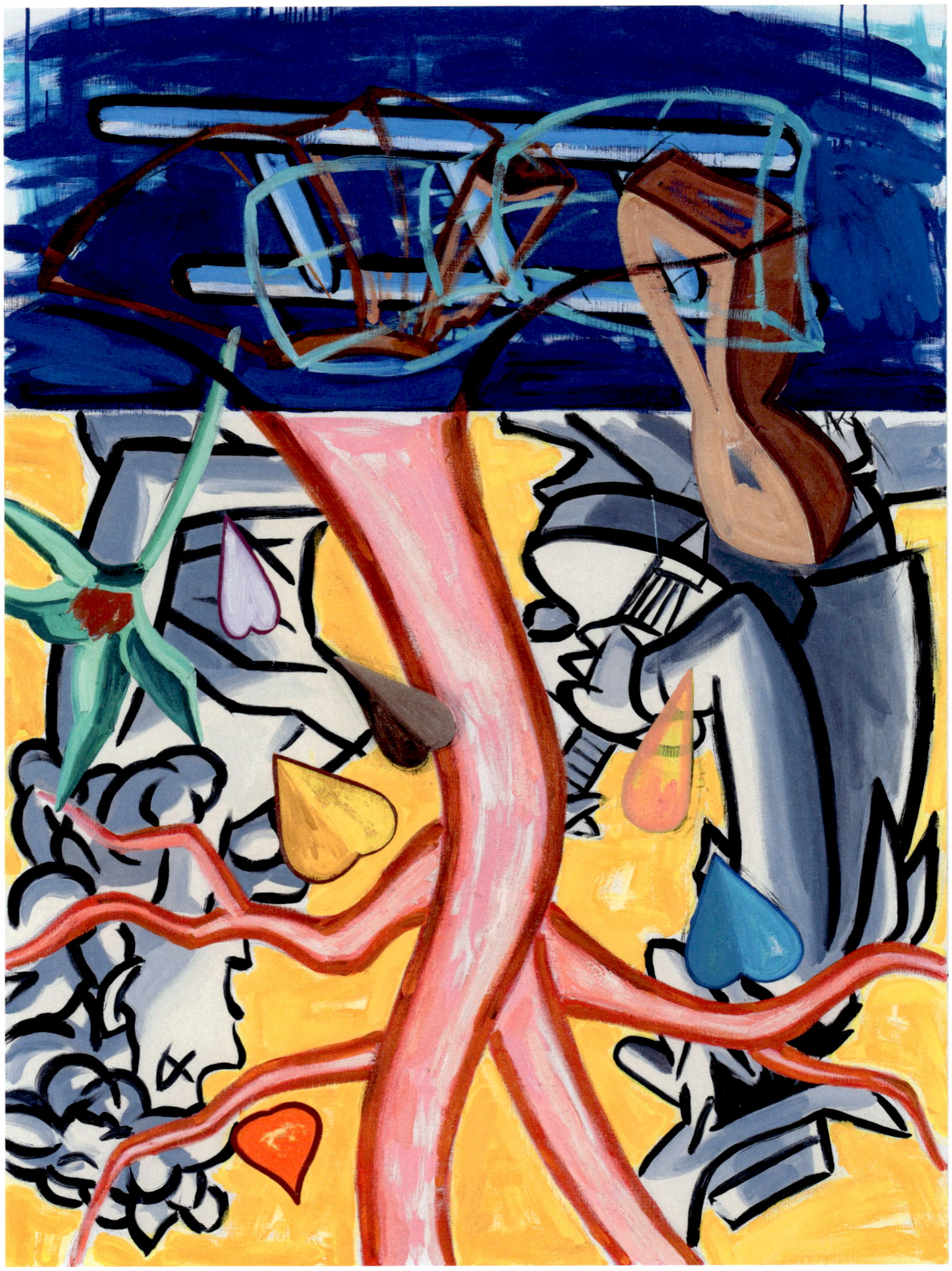

Tree of Life, Orange Pour
2022
Huile et acrylique sur lin / Oil and acrylic on linen
142,2 × 106,7 cm / 56 × 42 in

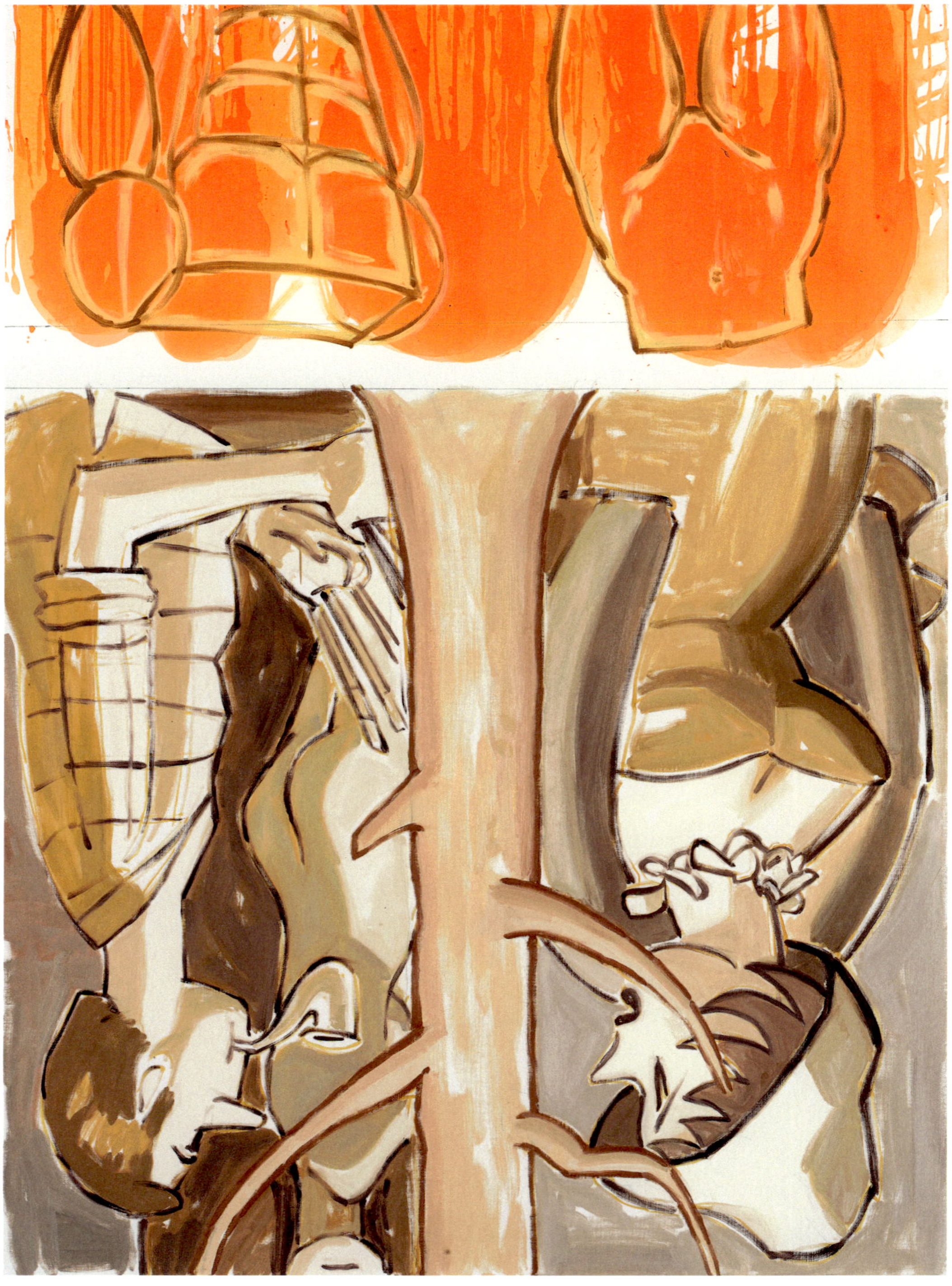

Tree of Life, Heavenly
2022
Huile et acrylique avec tissu éponge en coton et feutre sur lin /
Oil and acrylic with cotton toweling and felt on linen
248,9 × 182,9 cm / 98 × 72 in

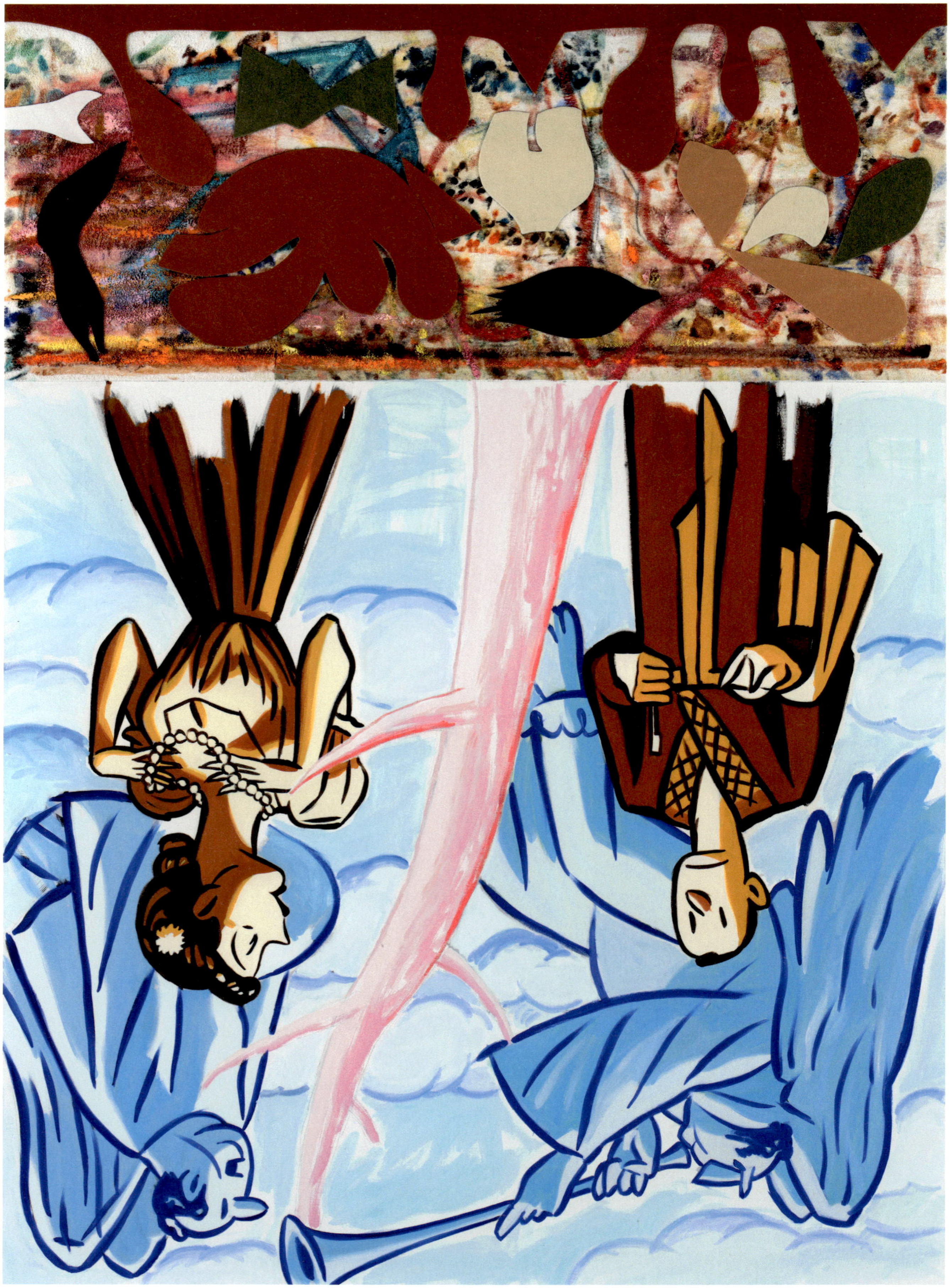

Tree of Life, Yellow Tree
2022
Huile et acrylique sur lin / Oil and acrylic on linen
142,2 × 106,7 cm / 56 × 42 in

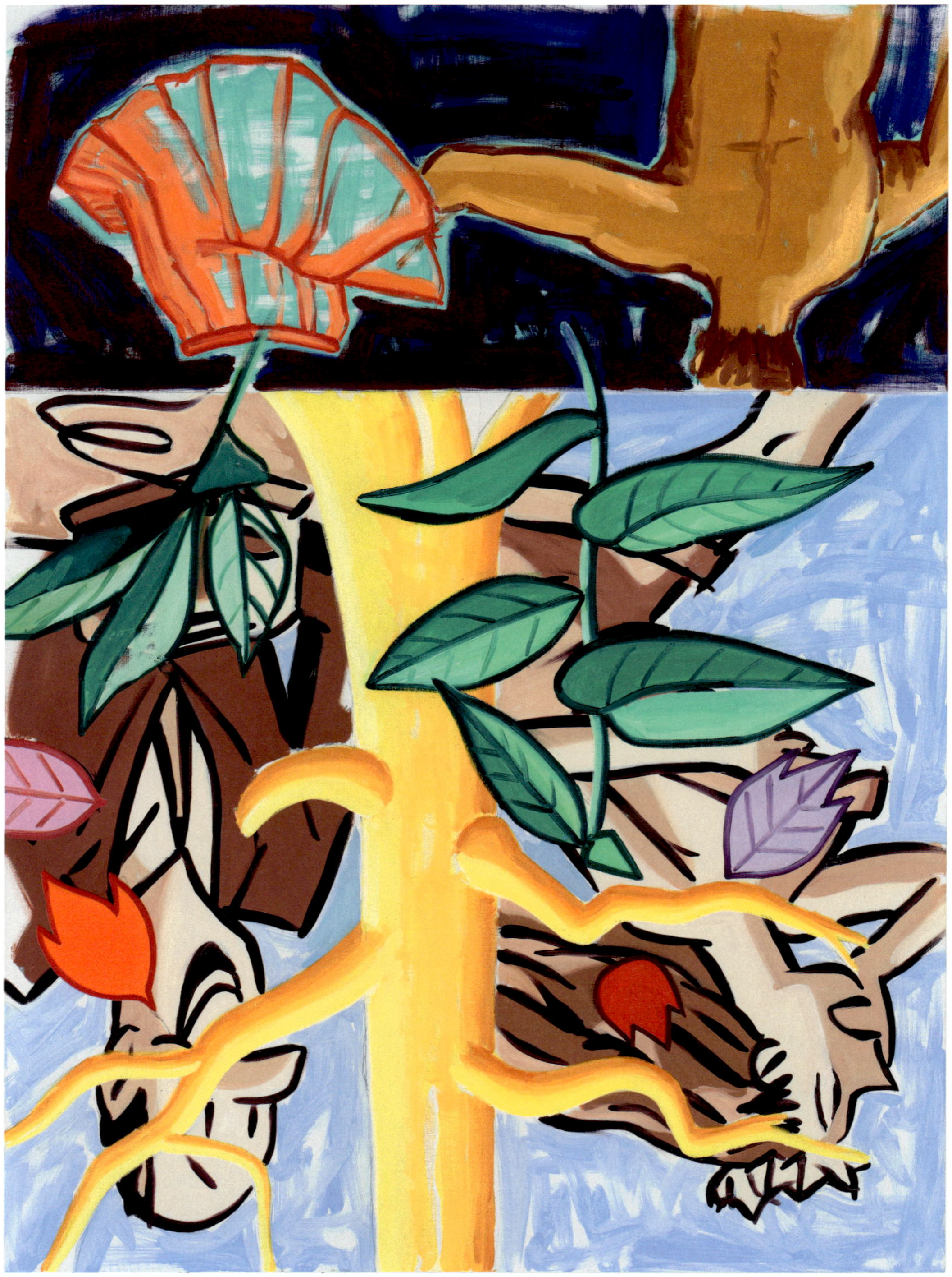

The Ladies
2022
Huile et acrylique sur lin / Oil and acrylic on linen
261,6 × 248,9 cm / 103 × 98 in

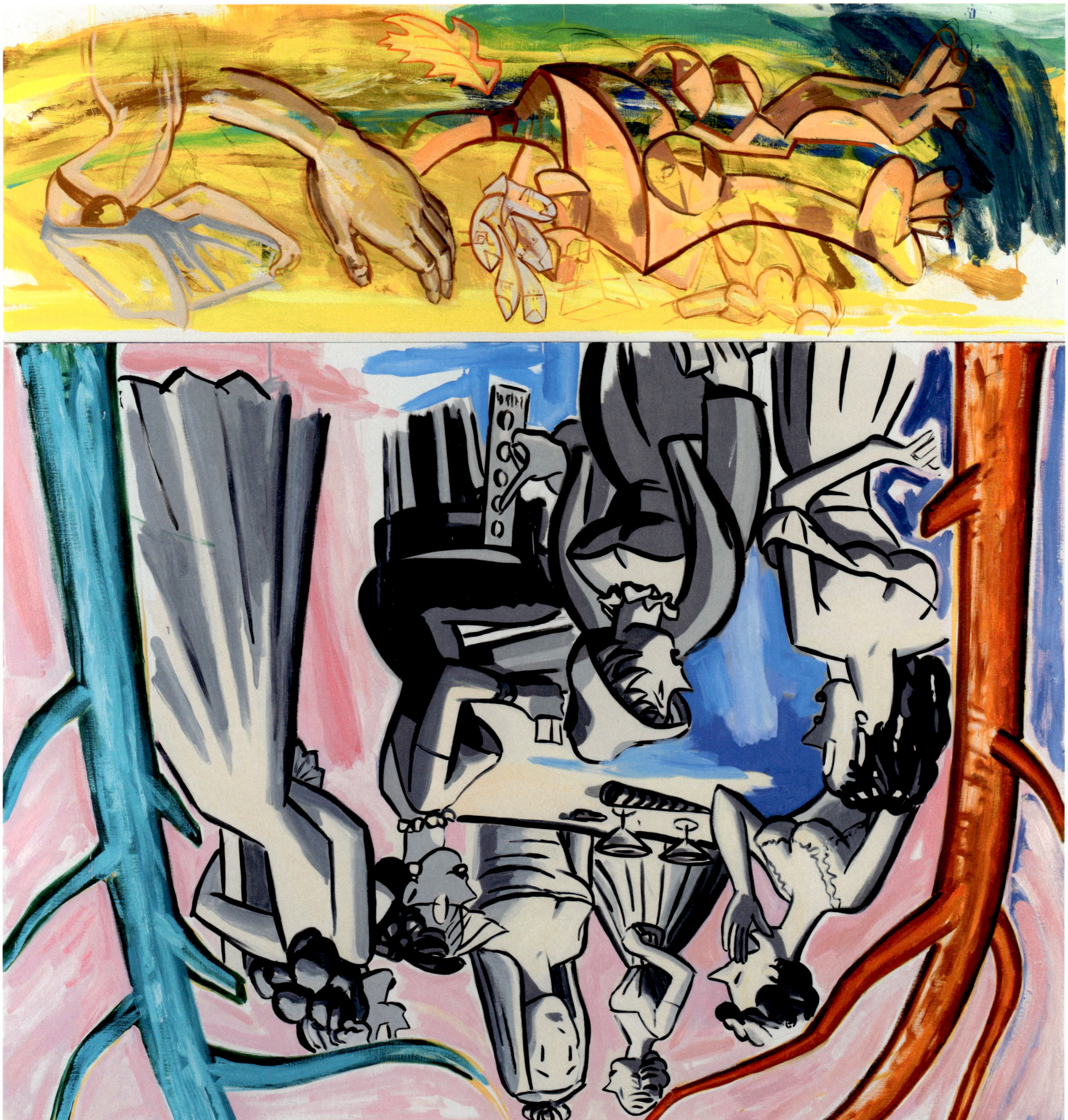

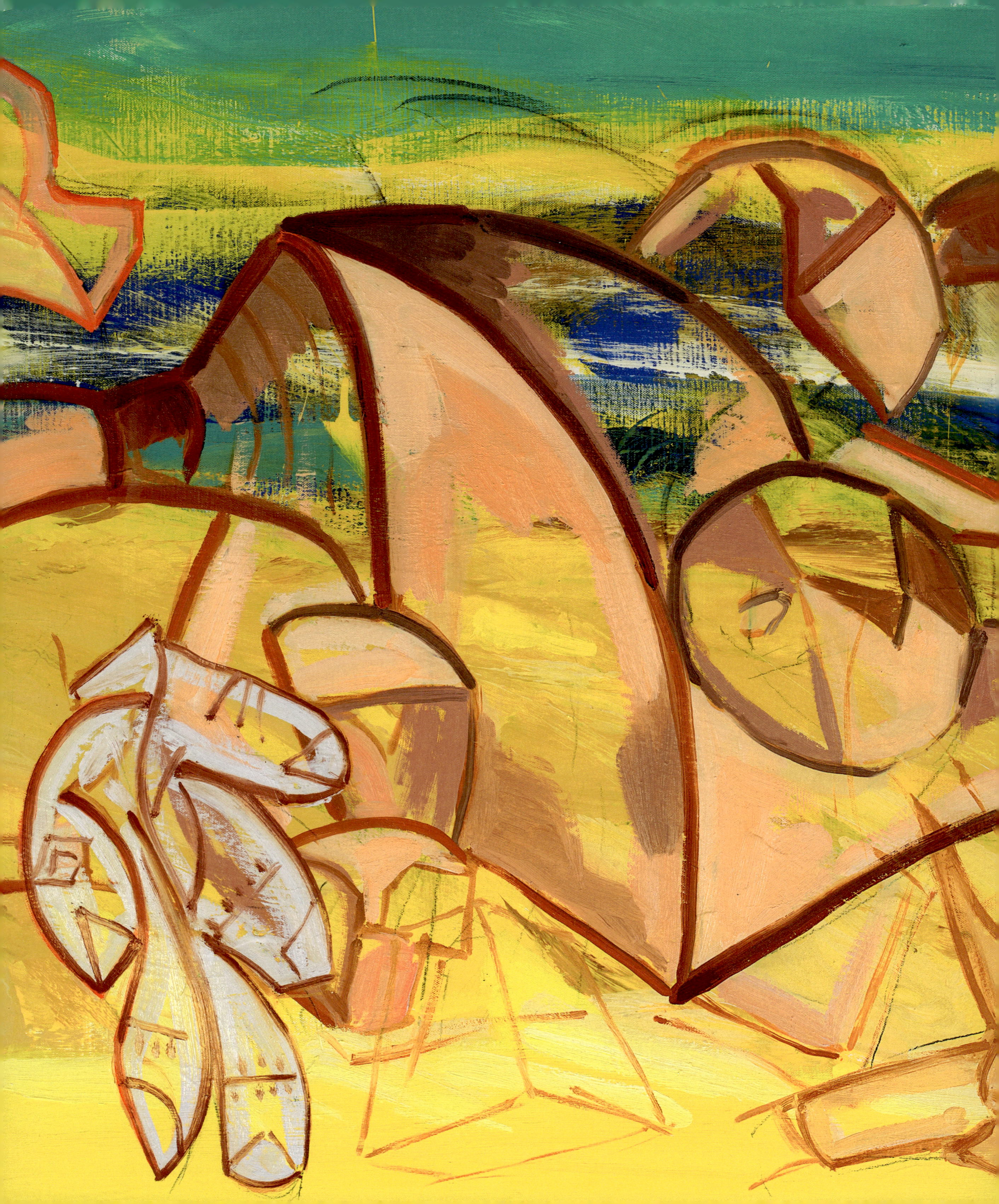

Tree of Life, The Violinist
2022
Huile et acrylique sur lin / Oil and acrylic on linen
177,8 × 127 cm / 70 × 50 in

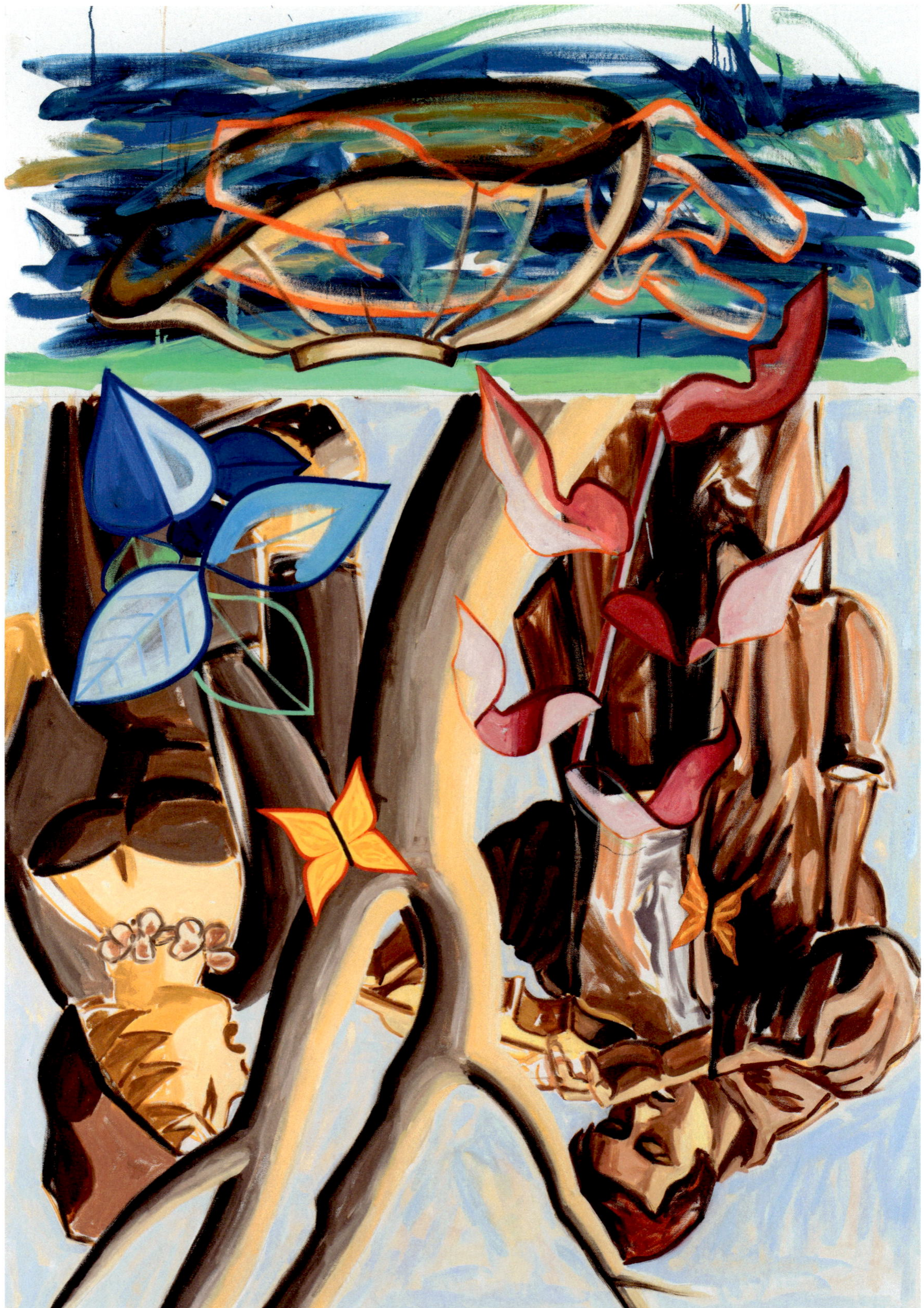

Tree of Life, Secrets
2022
Huile et acrylique sur lin / Oil and acrylic on linen
188 × 137,2 cm / 74 × 54 in

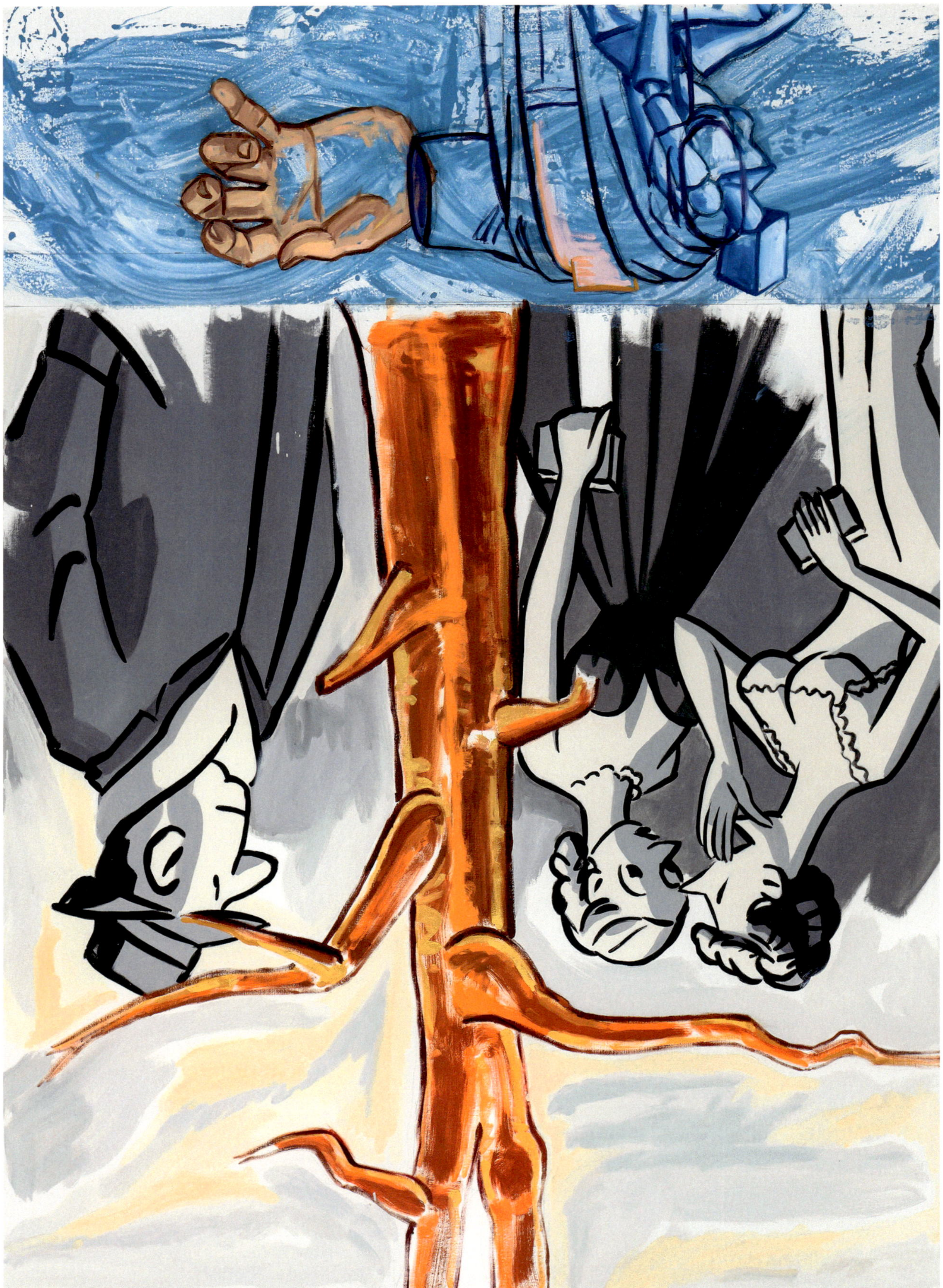

The Old Crowd
2022
Huile et acrylique sur lin / Oil and acrylic on linen
261,6 × 269,2 cm / 103 × 106 in

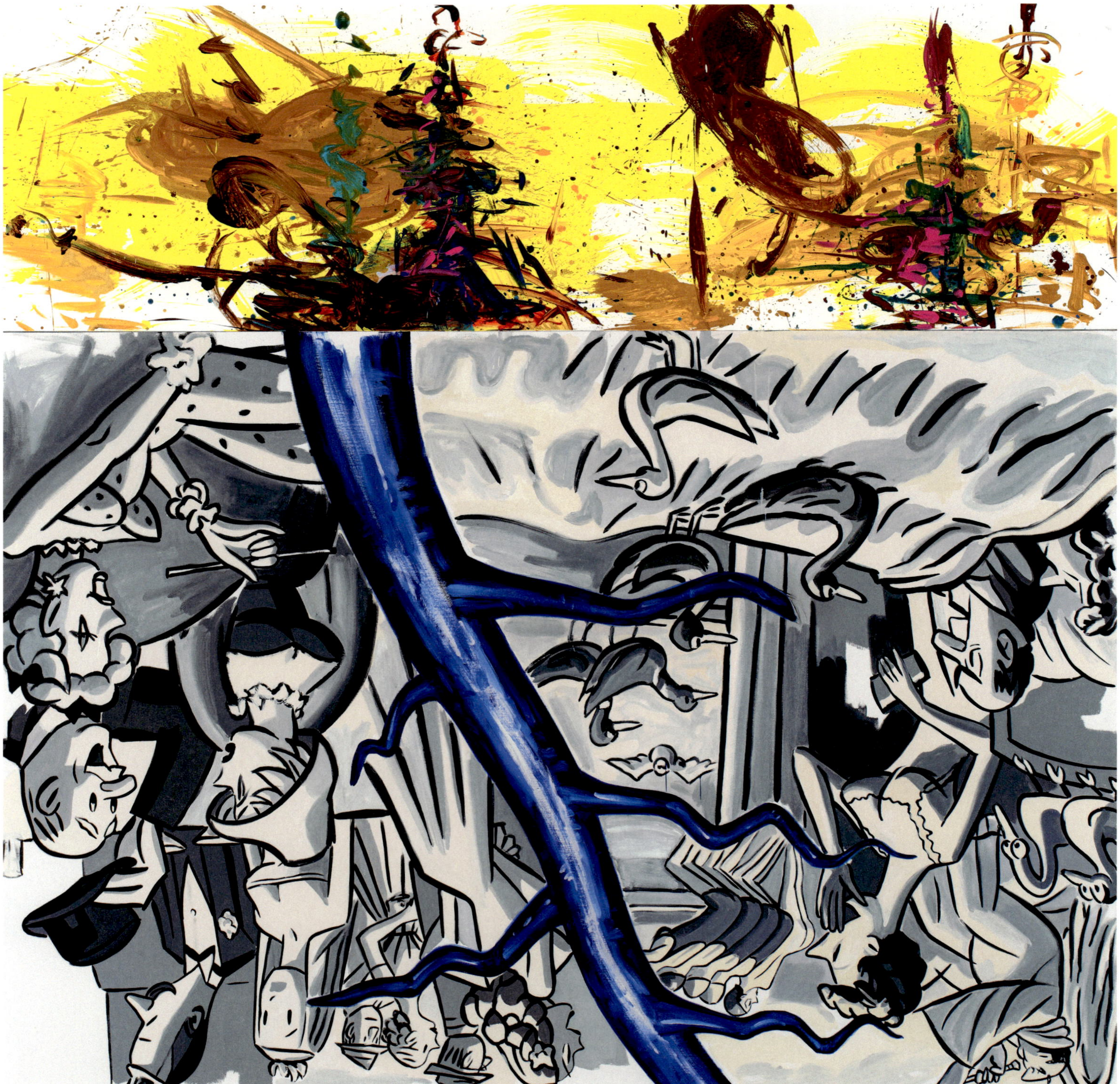

Tree of Life, Bathing
2022
Huile et acrylique sur lin / Oil and acrylic on linen
198,1 × 137,2 cm / 78 × 54 in

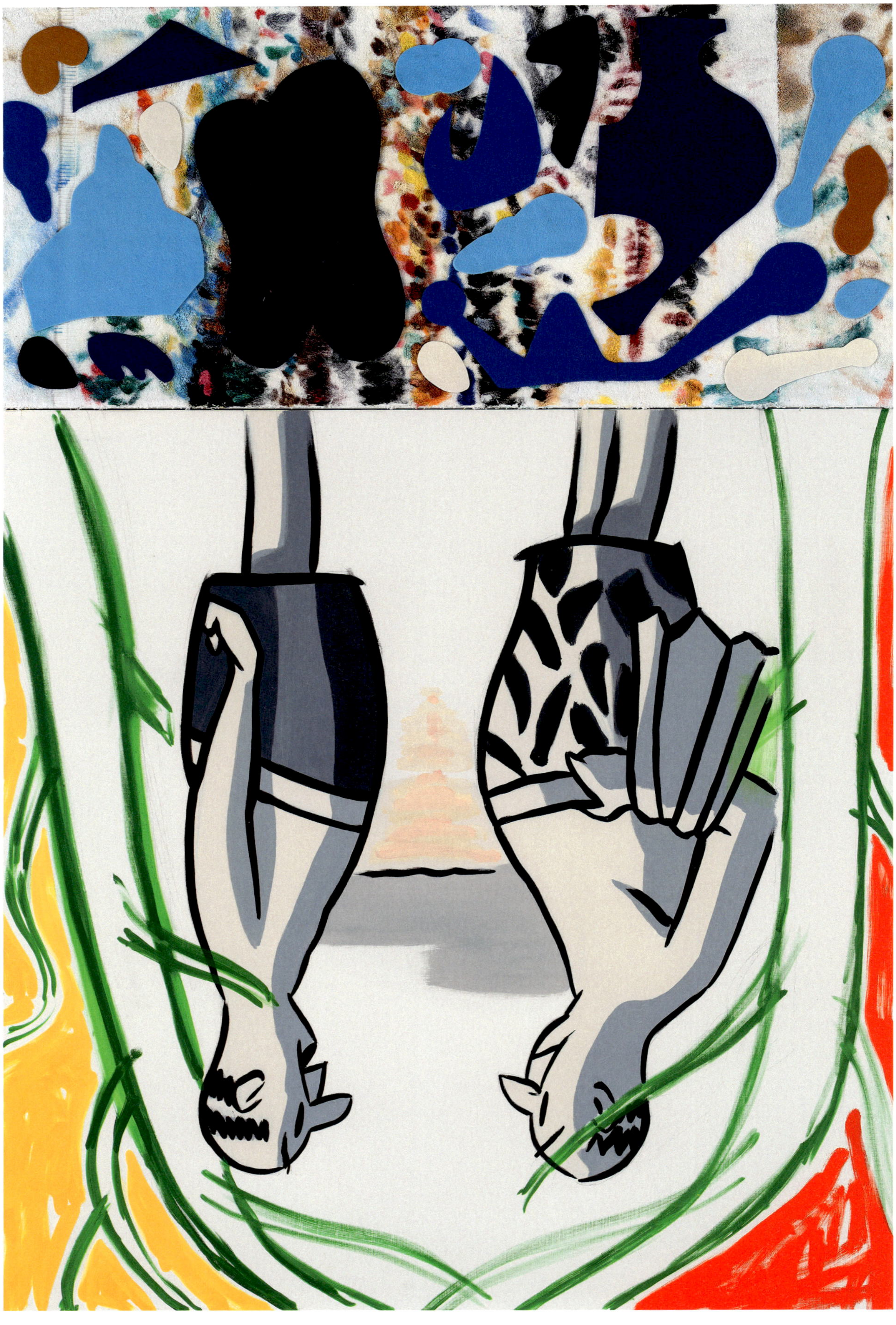

Tree of Life, False Smile
2022
Huile et acrylique sur lin / Oil and acrylic on linen
177,8 × 127 cm / 70 × 50 in

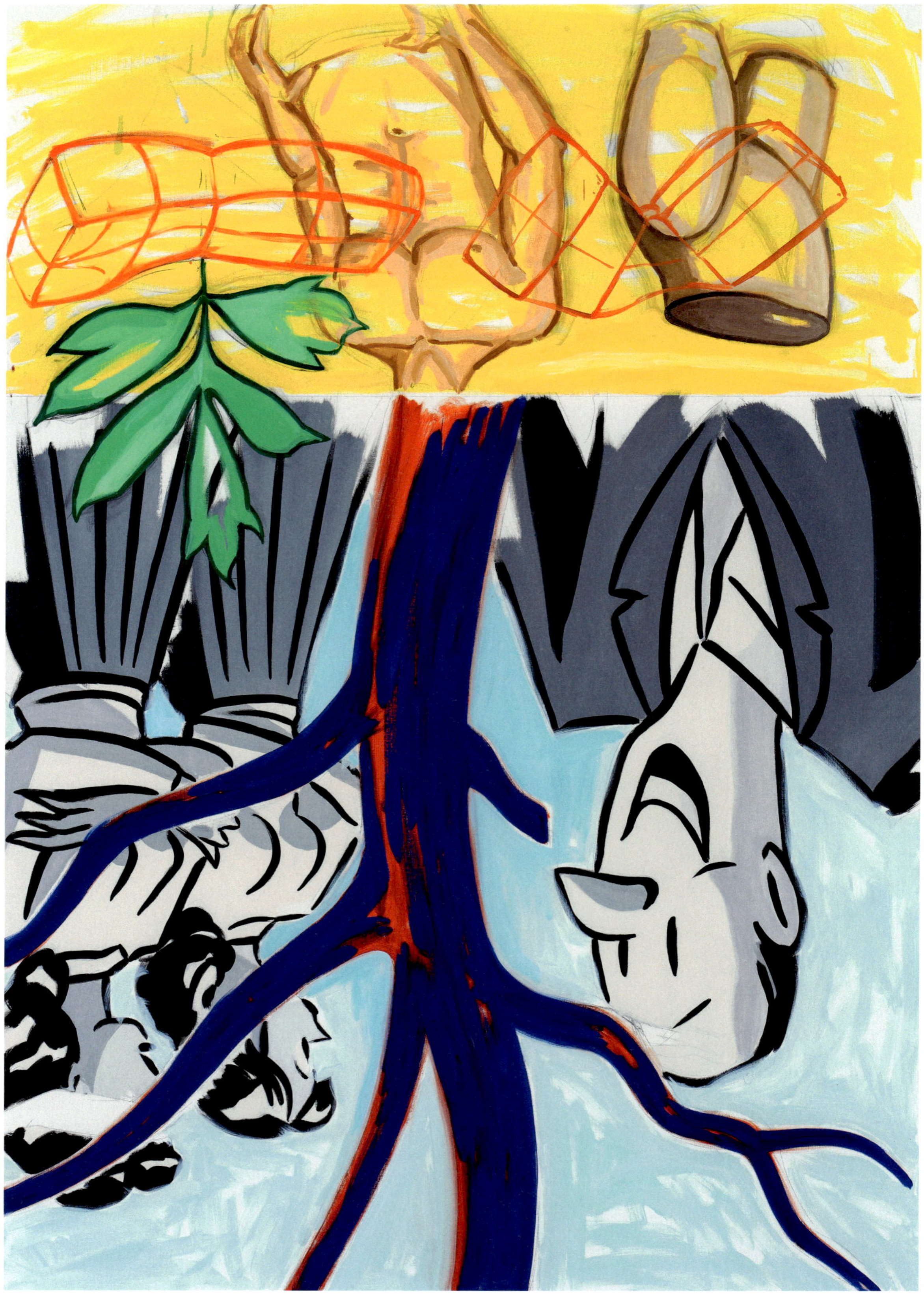

Tree of Life, Convo Circle
2022
Huile et acrylique sur lin / Oil and acrylic on linen
261,6 × 269,2 cm / 103 × 106 in

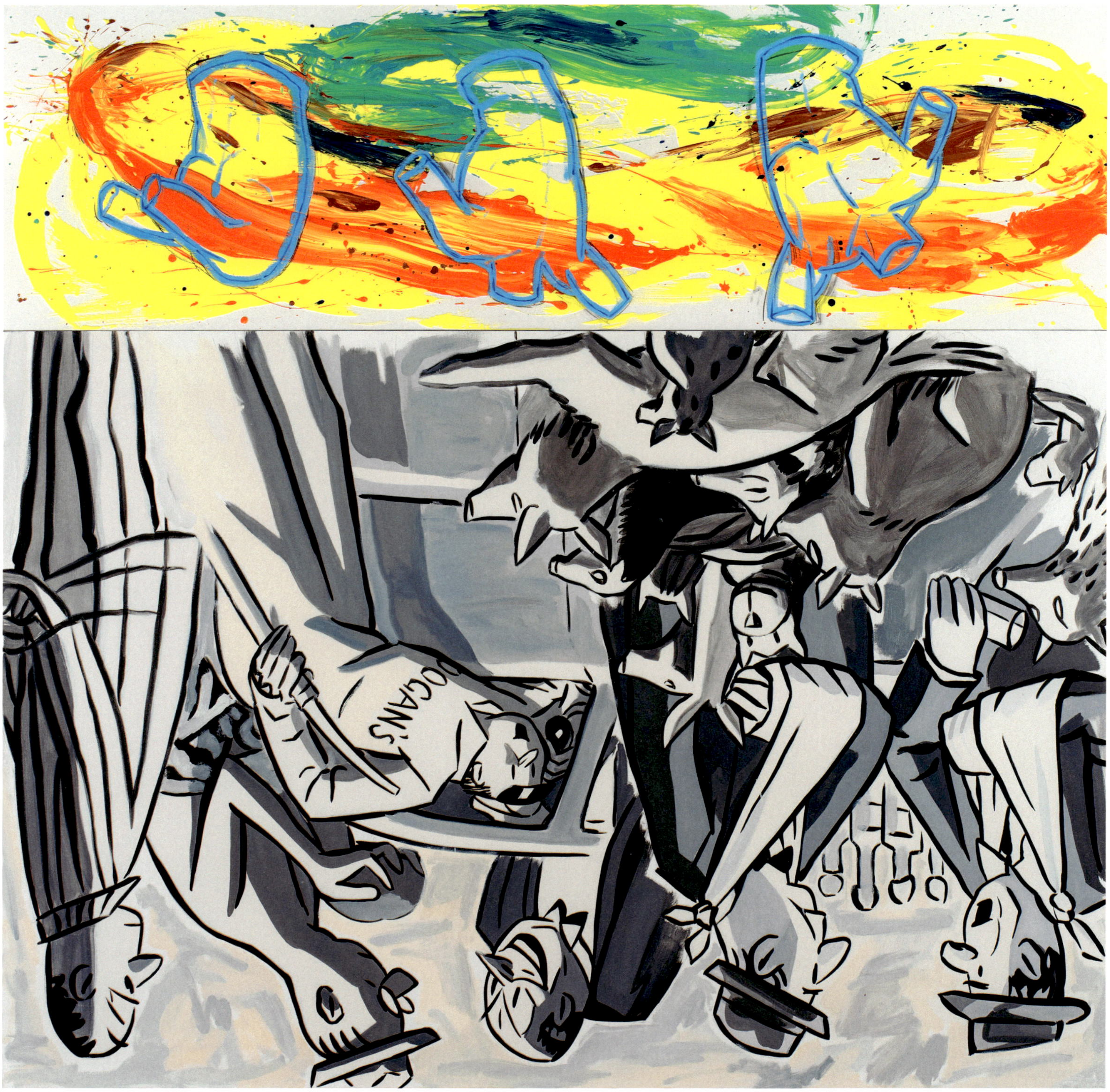

Guys
2022
Huile et acrylique sur lin / Oil and acrylic on linen
208,3 × 142,2 cm / 82 × 56 in

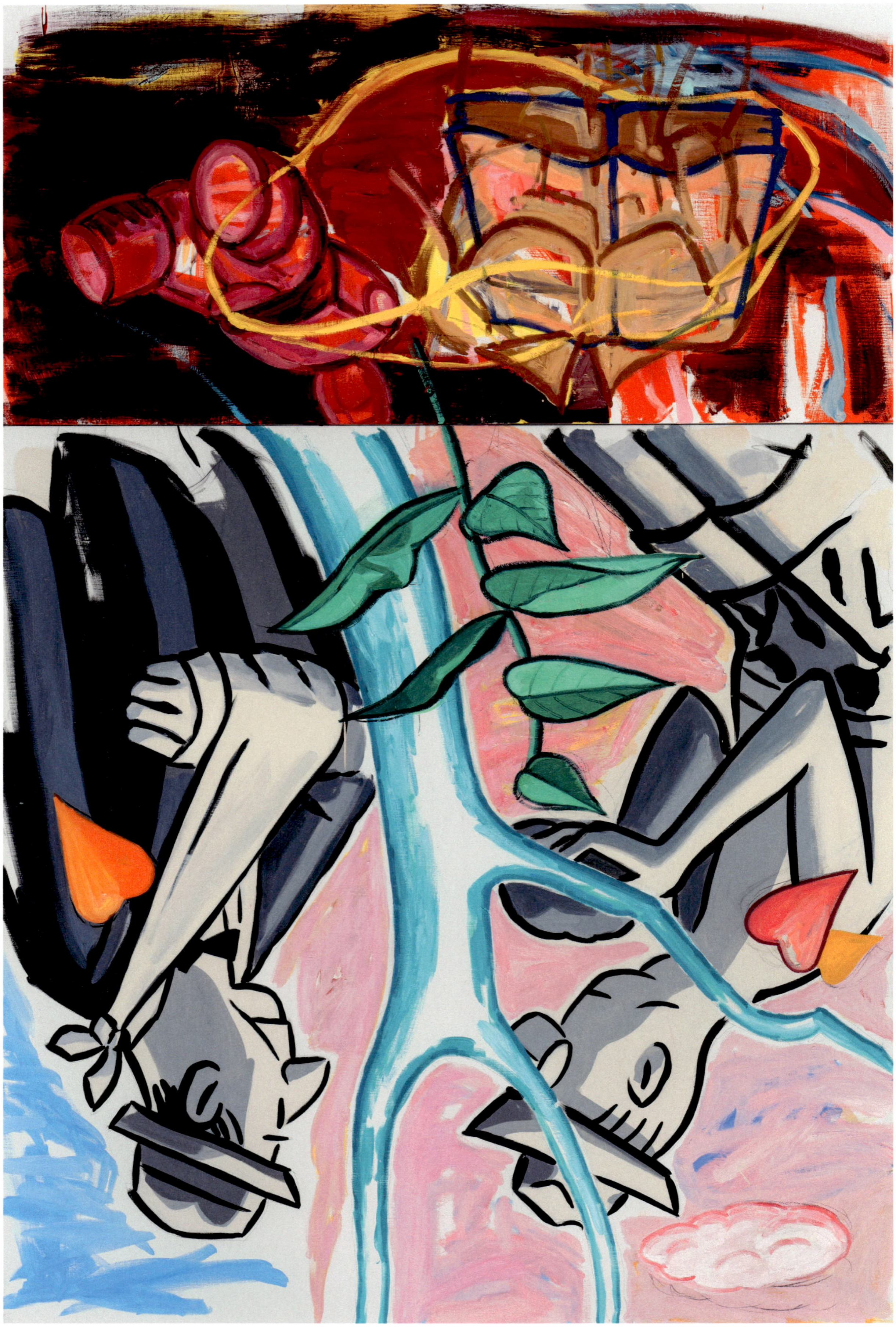

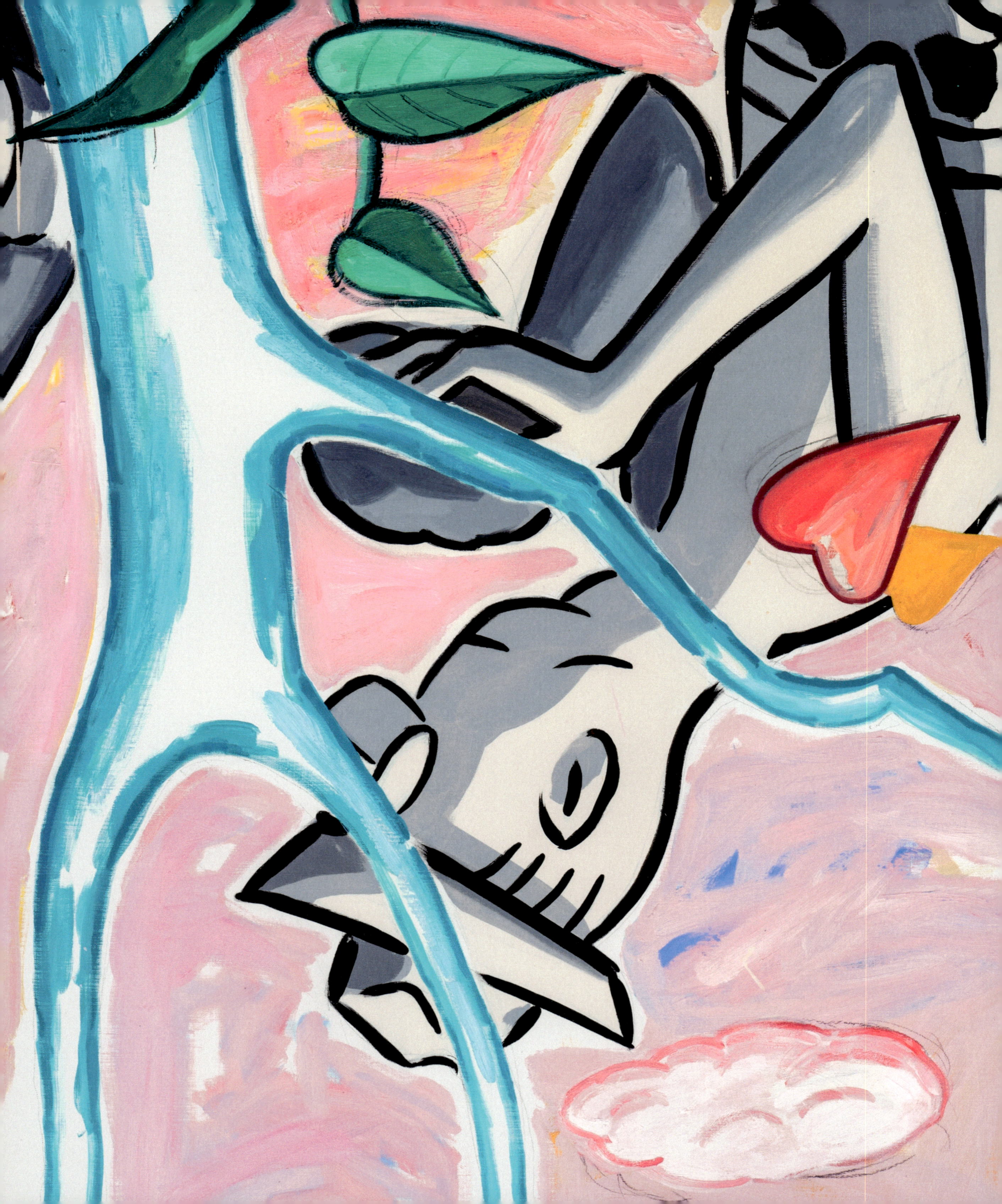

Tree of Life, Hat Tip
2022
Huile et acrylique sur lin / Oil and acrylic on linen
177,8 × 127 cm / 70 × 50 in

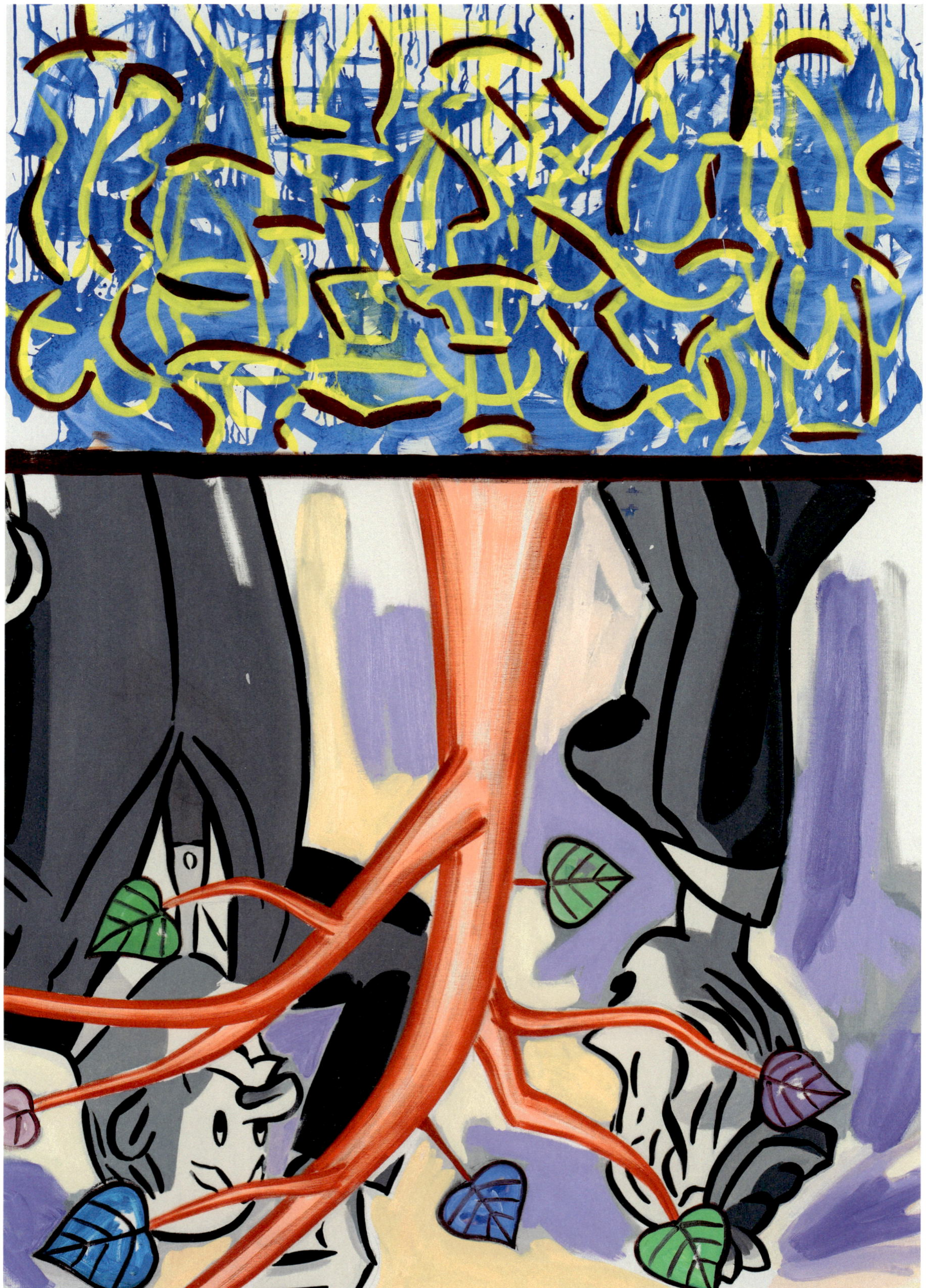

The Kiss
2022
Huile et acrylique sur lin / Oil and acrylic on linen
208,3 × 142,2 cm / 82 × 56 in

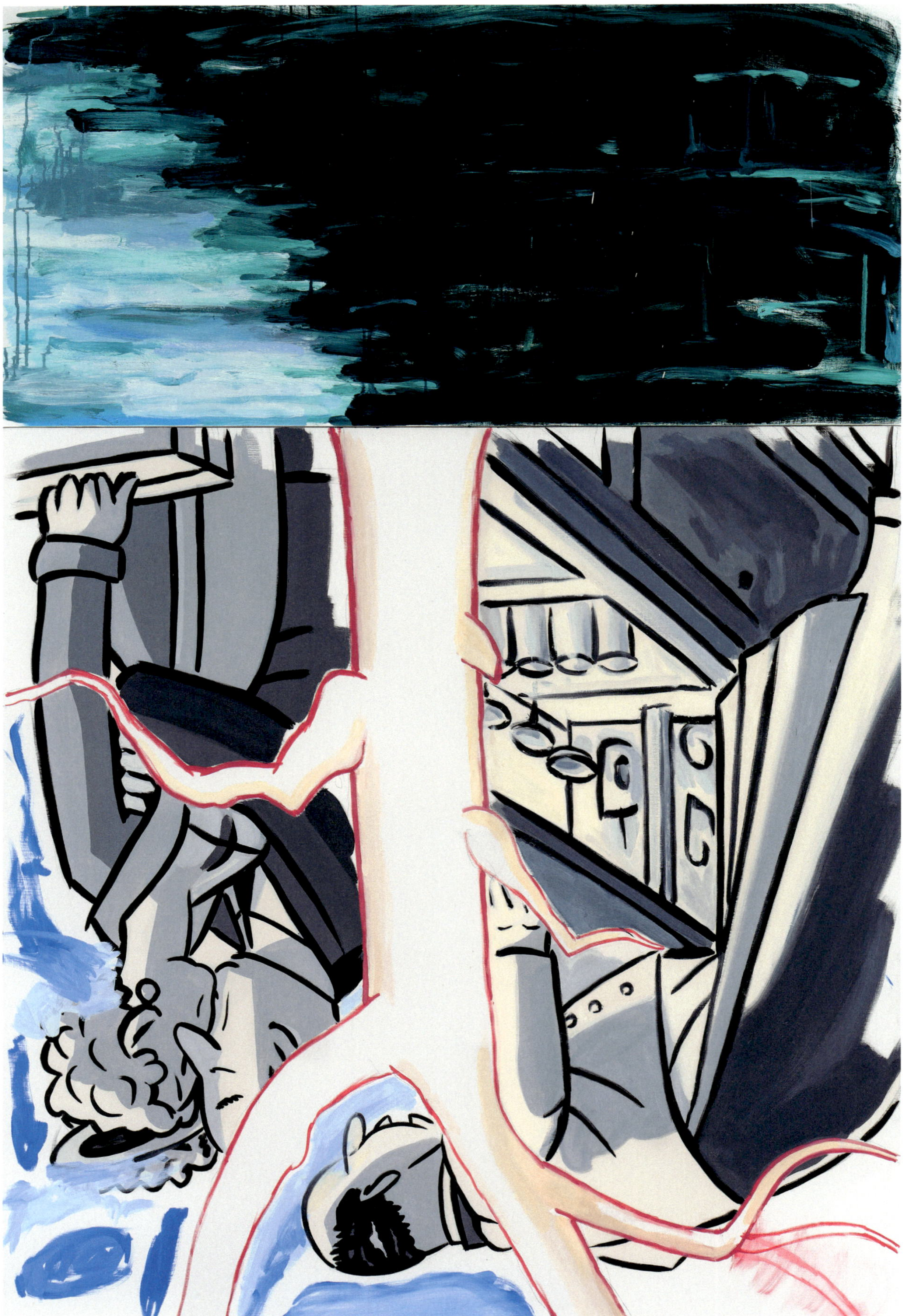

Gossip
2022
Huile et acrylique sur lin avec tissu éponge en coton /
Oil and acrylic on linen with cotton toweling
198,1 × 137,2 cm / 78 × 54 in

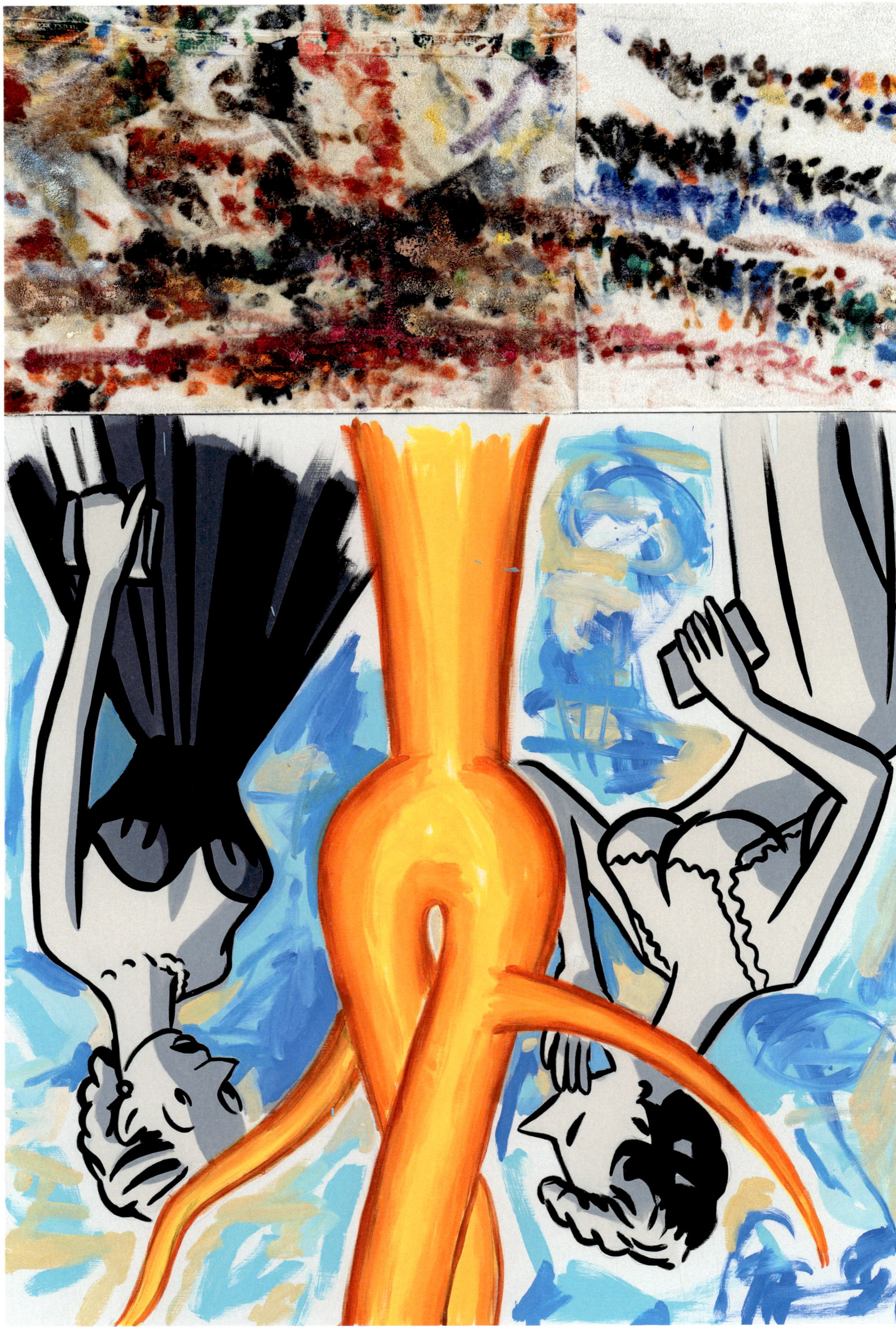

Telephone for You
2022
Huile et acrylique sur lin / Oil and acrylic on linen
198,1 × 137,2 cm / 78 × 54 in

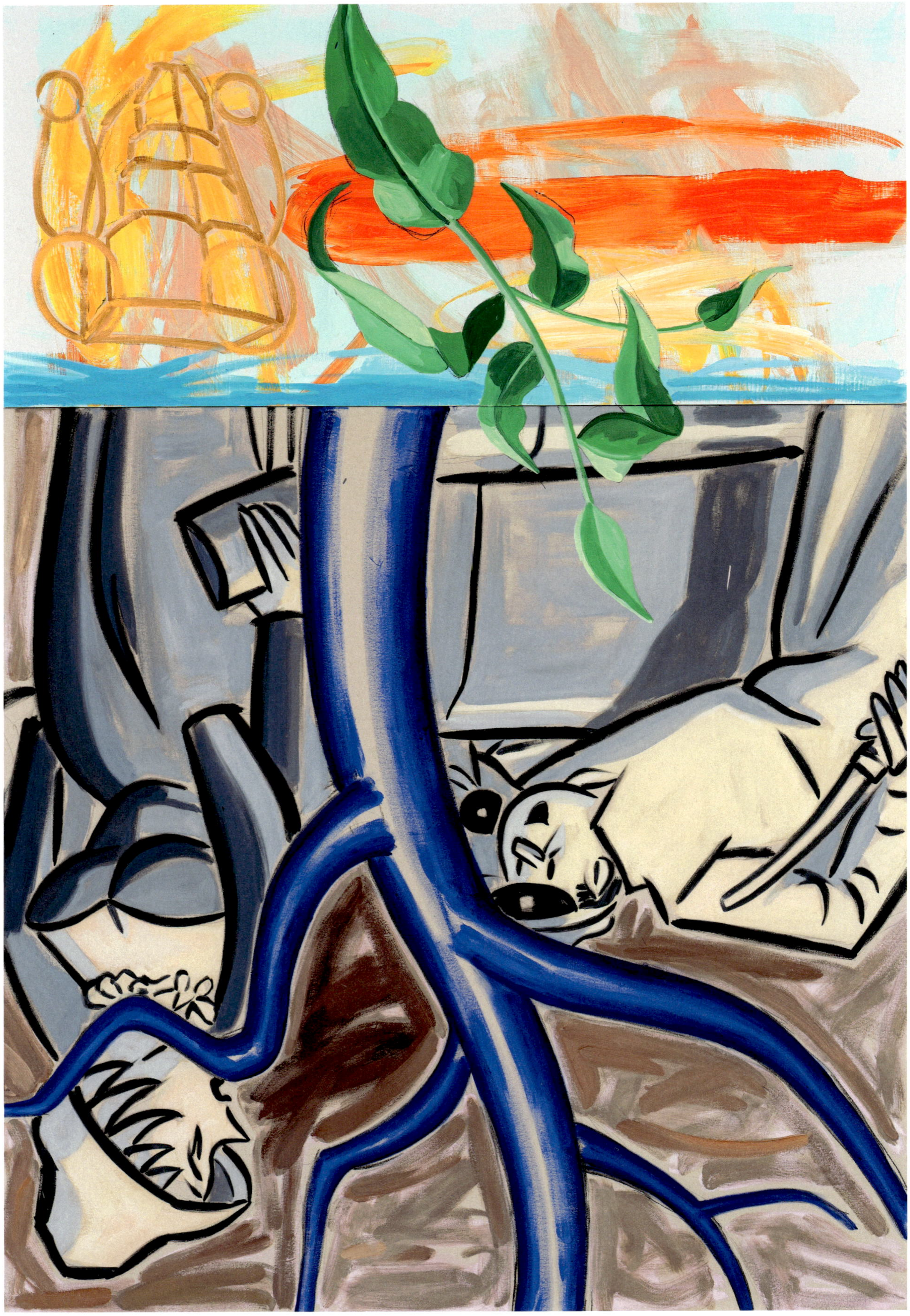

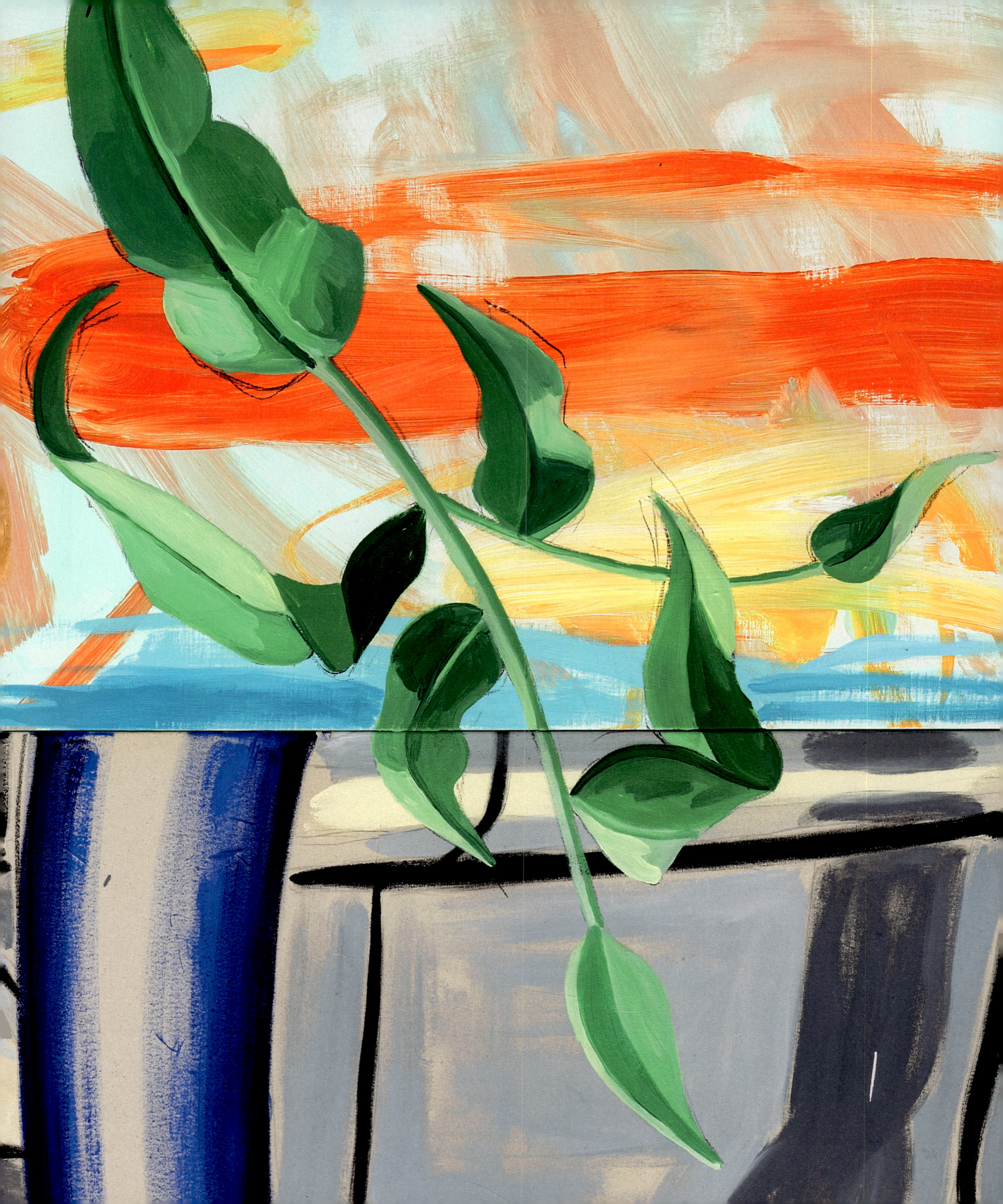

Father and Son
2022
Huile et acrylique sur lin / Oil and acrylic on linen
198,1 × 137,2 cm / 78 × 54 in

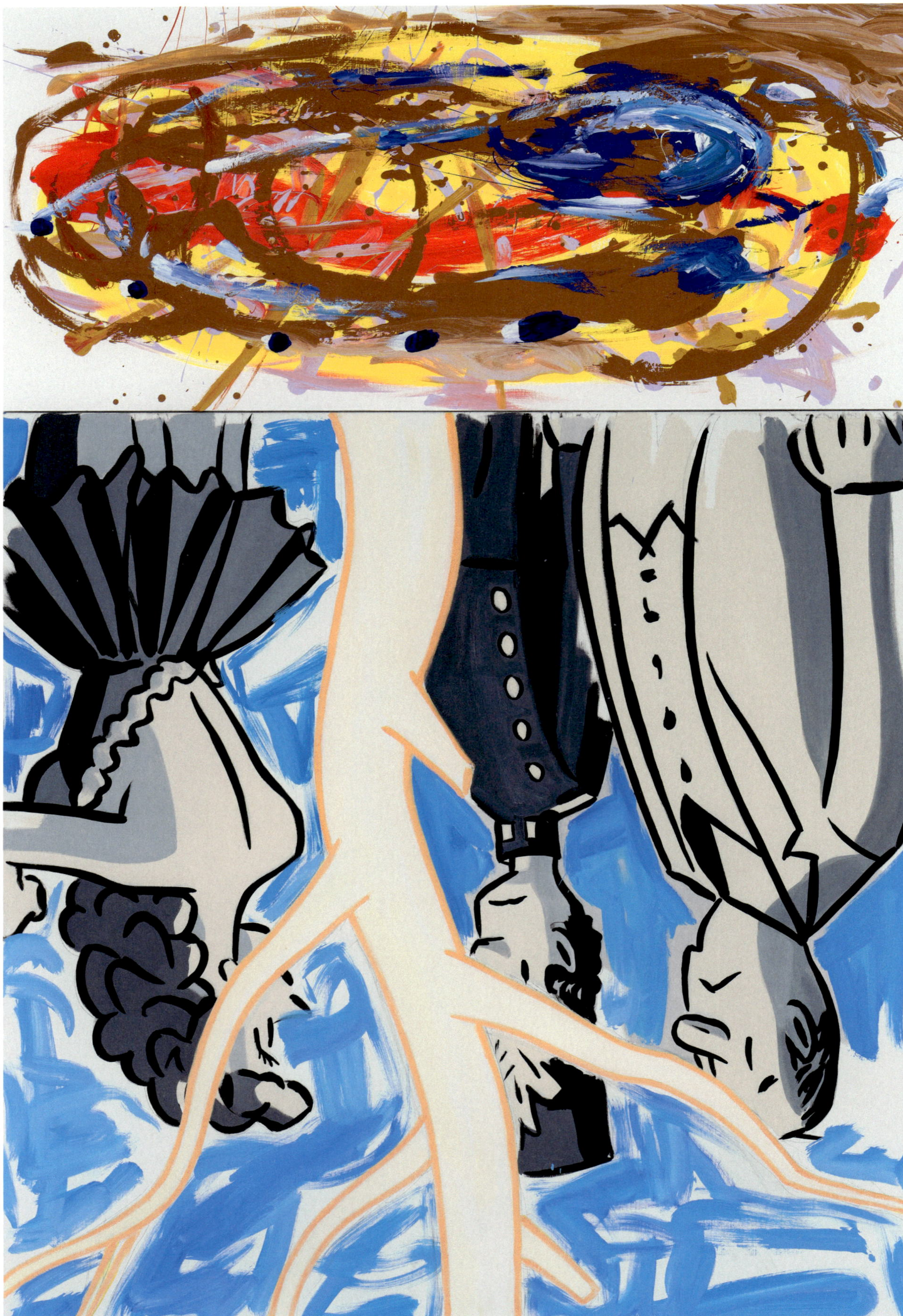

Tree of Life, The Argument
2022
Huile et acrylique sur lin / Oil and acrylic on linen
177,8 × 127 cm / 70 × 50 in

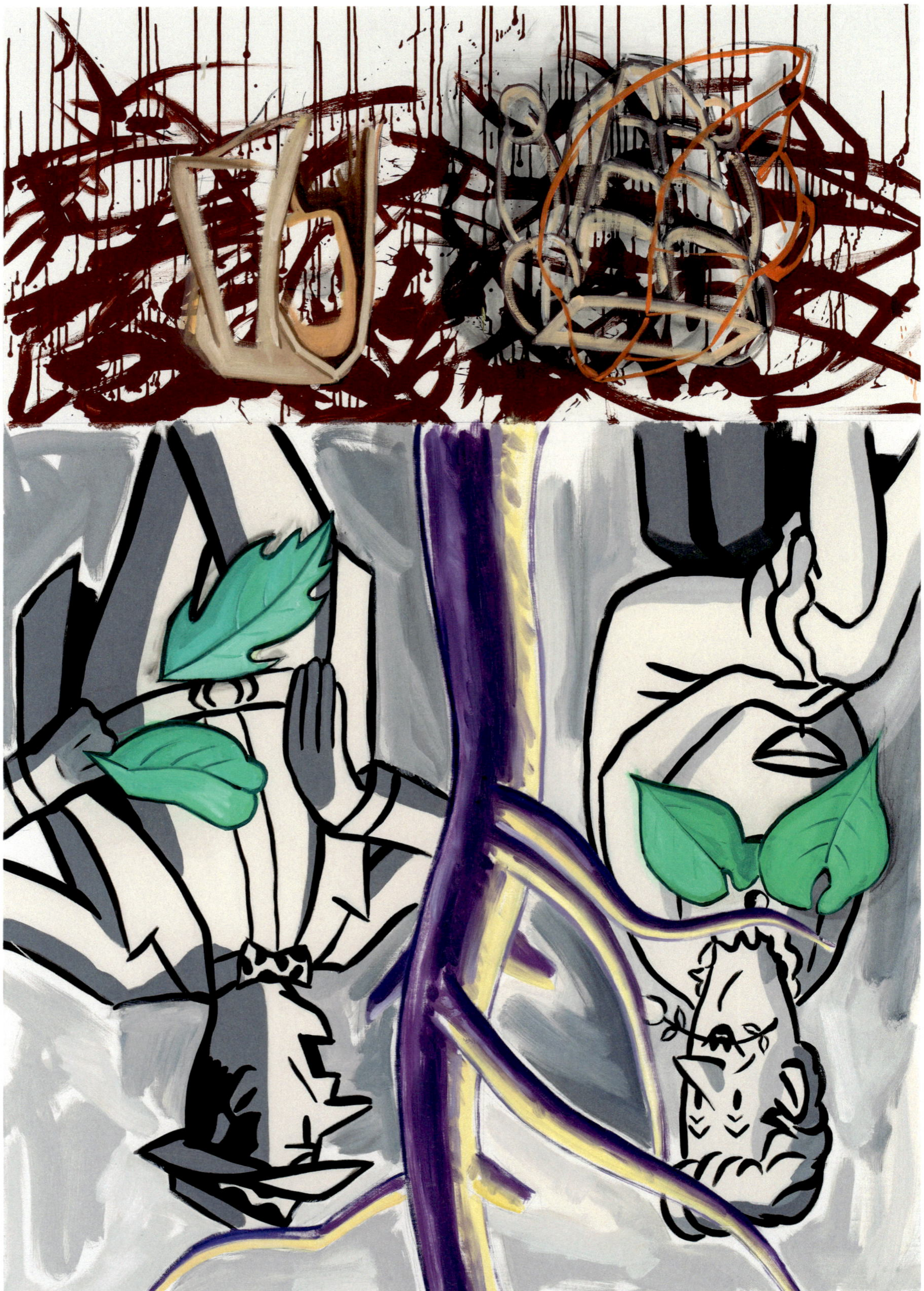

Tree of Life, The Artist's Palette
2021
Huile et acrylique sur lin / Oil and acrylic on linen
243,8 × 193 cm / 96 × 76 in

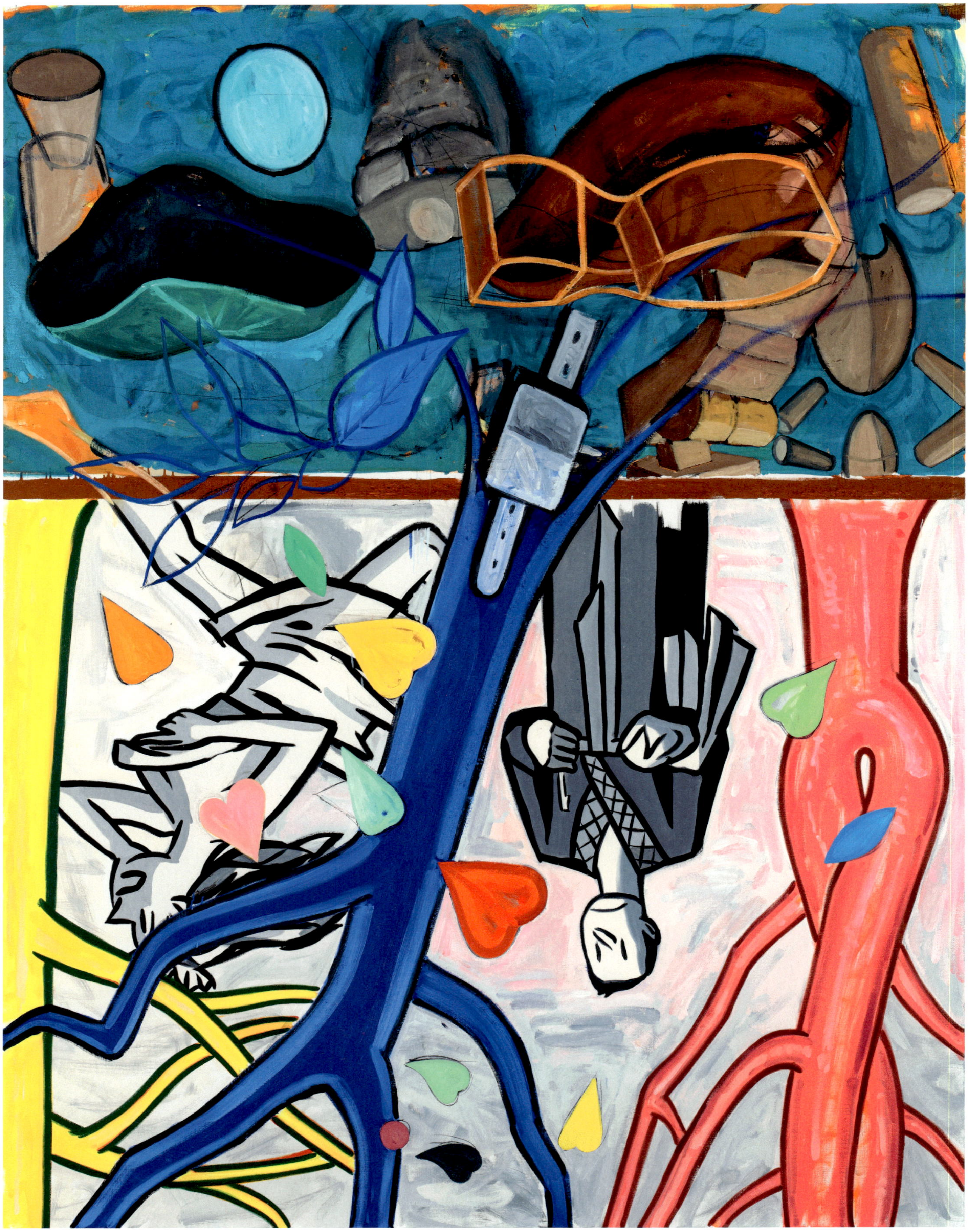

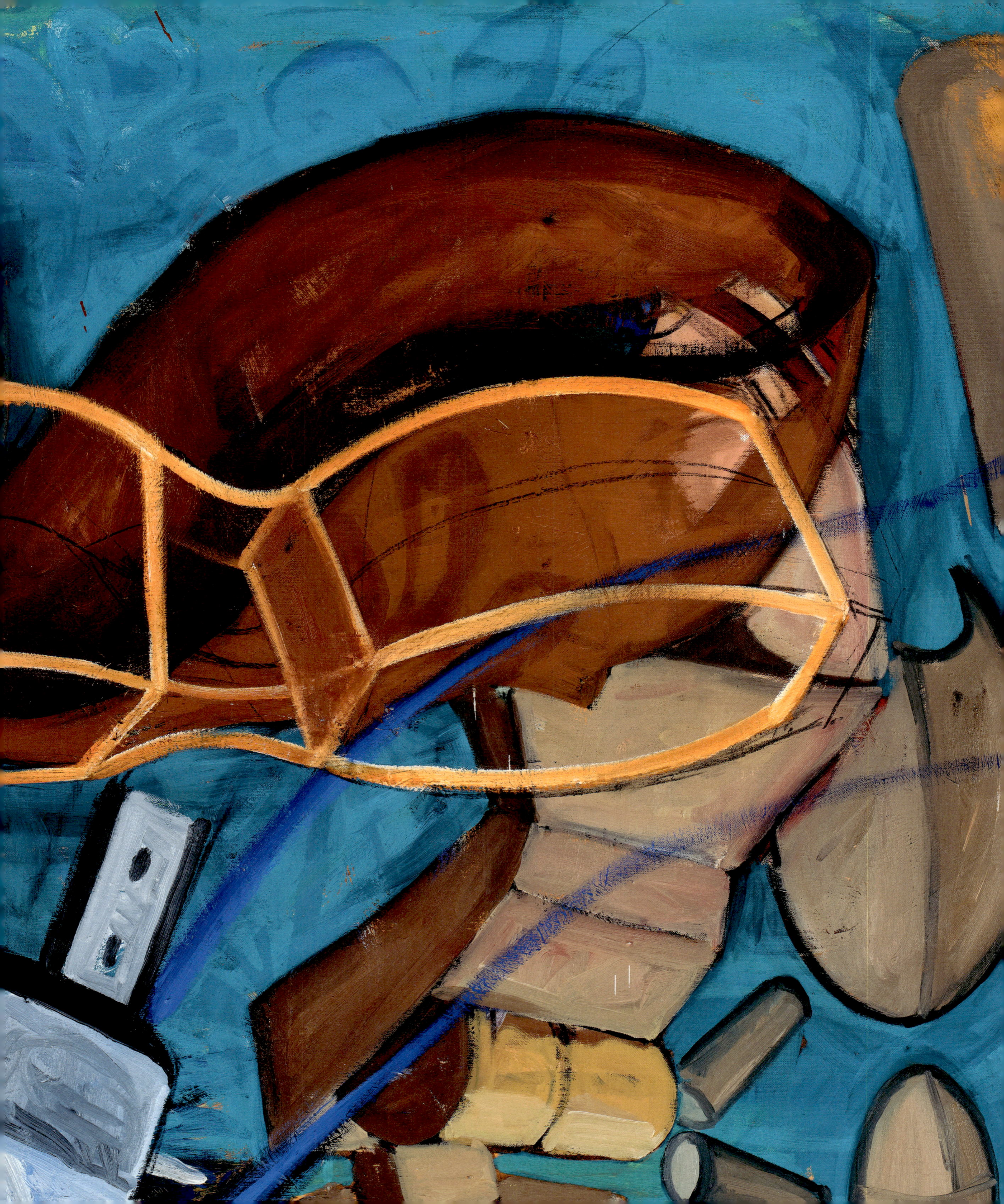

Liste d'œuvres / List of Works

59 **Tree of Life, Cowboy's Lament**
2022
Huile et acrylique sur lin / Oil and acrylic on linen
142,2 × 106,7 cm / 56 × 42 in

61 **Tree of Life, Orange Pour**
2022
Huile et acrylique sur lin / Oil and acrylic on linen
142,2 × 106,7 cm / 56 × 42 in

63 **Tree of Life, Heavenly**
2022
Huile et acrylique avec tissu éponge en coton et feutre sur lin / Oil and acrylic with cotton toweling and felt on linen
248,9 × 182,9 cm / 98 × 72 in

65 **Tree of Life, Yellow Tree**
2022
Huile et acrylique sur lin / Oil and acrylic on linen
142,2 × 106,7 cm / 56 × 42 in

67 **The Ladies**
2022
Huile et acrylique sur lin / Oil and acrylic on linen
261,6 × 248,9 cm / 103 × 98 in

71 **Tree of Life, The Violinist**
2022
Huile et acrylique sur lin / Oil and acrylic on linen
177,8 × 127 cm / 70 × 50 in

73 **Tree of Life, Secrets**
2022
Huile et acrylique sur lin / Oil and acrylic on linen
188 × 137,2 cm / 74 × 54 in

75 **The Old Crowd**
2022
Huile et acrylique sur lin / Oil and acrylic on linen
261,6 × 269,2 cm / 103 × 106 in

77 **Tree of Life, Bathing**
2022
Huile et acrylique sur lin / Oil and acrylic on linen
198,1 × 137,2 cm / 78 × 54 in

79 **Tree of Life, False Smile**
2022
Huile et acrylique sur lin / Oil and acrylic on linen
177,8 × 127 cm / 70 × 50 in

81 **Tree of Life, Convo Circle**
2022
Huile et acrylique sur lin / Oil and acrylic on linen
261,6 × 269,2 cm / 103 × 106 in

83 **Guys**
2022
Huile et acrylique sur lin / Oil and acrylic on linen
208,3 × 142,2 cm / 82 × 56 in

87 **Tree of Life, Hat Tip**
2022
Huile et acrylique sur lin / Oil and acrylic on linen
177,8 × 127 cm / 70 × 50 in

89 **The Kiss**
2022
Huile et acrylique sur lin / Oil and acrylic on linen
208,3 × 142,2 cm / 82 × 56 in

91 **Gossip**
2022
Huile et acrylique sur lin avec tissu éponge en coton / Oil and acrylic on linen with cotton toweling
198,1 × 137,2 cm / 78 × 54 in

93 **Telephone for You**
2022
Huile et acrylique sur lin / Oil and acrylic on linen
198,1 × 137,2 cm / 78 × 54 in

97 **Father and Son**
2022
Huile et acrylique sur lin / Oil and acrylic on linen
198,1 × 137,2 cm / 78 × 54 in

99 **Tree of Life, The Argument**
2022
Huile et acrylique sur lin / Oil and acrylic on linen
177,8 × 127 cm / 70 × 50 in

101 **Tree of Life, The Artist's Palette**
2021
Huile et acrylique sur lin / Oil and acrylic on linen
243,8 × 193 cm / 96 × 76 in

Liste d'illustrations / List of Illustrations

12 **David Salle**
Byron's Reference to Wellington, 1987
Huile et acrylique sur toile /
Oil and acrylic on canvas
259,1 × 264,2 cm / 102 × 104 in
Courtesy David Salle Studio

15 **David Salle**
Pepper's Ghost, 1995
Huile et acrylique sur toile /
Oil and acrylic on canvas
213,4 × 304,8 cm / 84 × 120 in
Courtesy David Salle Studio

15 **David Salle**
Melancholy, 1983
Huile, acrylique et parapluie sur toile /
Oil, acrylic, and umbrella on canvas
154,9 × 204,5 cm / 61 × 80 1/2 in
Courtesy David Salle Studio

18 **Hannah Cohoon**
The Tree of Light or Blazing Tree, 1845
Encre, graphite et gouache sur papier /
Ink, pencil, and gouache on paper
40,6 × 53 cm / 16 × 20 7/8 in
American Folk Art Museum, New York
Don de / Gift of Ralph Esmerian, 2013.1.3
Photo © American Folk Art Museum /
Art Resource, NY / Dist. RMN-Grand Palais

24 **Mark Twain**
Eve's Diary, 1906
Harper & Brothers, New York

34 **David Salle**
Classicism, 2012
Acrylique et encre sérigraphique
sur panneau métallique avec céramique,
huile sur toile /
Acrylic and silkscreen ink on metal
panel with ceramic, oil on canvas
172,7 × 162,6 cm / 68 × 64 in
Courtesy David Salle Studio

37 **Oluf Olufsen Bagge**
Yggdrasil, The Mundane Tree, 1847
18 × 12 cm / 7 1/8 × 4 3/4 in
Frontispice de / Frontispiece of
Finnur Magnússon, *Northern Antiquities*,
London: Henry G. Bohn, 1859.
Norman B. Leventhal Map Center,
Boston

37 **Lucas Cranach l'Ancien / Lucas Cranach the Elder**
Adam et Ève / Adam and Eve, 1526
Huile et tempéra sur érable /
Oil and tempera on maplewood
117 × 81 cm / 46 × 31 7/8 in
The Courtauld, London
Samuel Courtauld Trust
Photo © The Courtauld / Bridgeman Images

40 **Hannah Cohoon**
The Tree of Life, 1854
Encre brune et aquarelle sur papier blanc /
Brown ink and watercolor on white paper
63,8 × 75,7 cm / 25 1/8 × 29 3/4 in
Collection of Hancock Shaker Village,
Pittsfield, MA, 1963.117.0001

45 **Mark Twain**
Eve's Diary, 1906
Illustration de / by Lester Ralph, page 12
Harper & Brothers, New York

46 **John William "Uncle Jack" Dey**
Adam and Eve Leave Eden, 1973
Maquette d'avion, émail sur panneau de fibres /
Model airplane, enamel on fiberboard
58,7 × 119,4 cm / 23 1/8 × 47 in
Smithsonian American Art Museum,
Washington, DC
Don de Herbert Waide Hemphill,
Jr. et acquisition facilitée par Ralph Cross
Johnson / Gift of Herbert Waide Hemphill,
Jr. and museum purchase made possible
by Ralph Cross Johnson
© Droits réservés
Photo © Smithsonian American Art Museum,
Washington, DC,
Dist. RMN-Grand Palais / image SAAM

49 **Ad Reinhardt**
How to Look at Modern Art in America, 1946
Publié dans / Published in
PM, vol. 6, no. 299, 2 July 1946, page 13
© Anna Reinhardt / ADAGP Paris, 2022
Photo © Ad Reinhardt Foundation

David Salle, Tree of Life
20 janvier – 5 mars 2023
20 January – 5 March 2023
Thaddaeus Ropac Paris, Marais

Éditeur / Publisher: Thaddaeus Ropac
Chargée de l'exposition /
Exhibition Project Manager: Bénédicte Burrus
Texte / Text: Bernard Blistène
Traductions / Translations: John Tittensor
(pp. 33–47, 52–53), Olivia Baes (pp. 47–50)
Éditrice / Editor: Oona Doyle
Assistante éditoriale / Editorial assistant: Lian Giloth
Correctrices / Copy-editors: Allison C. Chang,
Anne-Claire Juramie
Design: Simon Dara Studio
Photogravure et impression /
Printing and colour separation: Printmodel, Paris
Tirage / Print run: 1200
ISBN 978-2-910055-93-6

Thaddaeus Ropac Paris Marais
7, rue Debelleyme
75003 Paris

Thaddaeus Ropac Paris Pantin
69, avenue du Général Leclerc
93500 Pantin

Thaddaeus Ropac London
37 Dover Street
London W1S 4NJ

Thaddaeus Ropac Salzburg
Mirabellplatz 2
5020 Salzburg

Thaddaeus Ropac Seoul
2F, 122-1, Dokseodang-ro
Hannam-dong, Yongsan-gu
Seoul 04420

Crédits photographiques / Photography credits

Les œuvres de David Salle ont été photographiées par John Berens, sauf indication contraire. / All works by David Salle have been photographed by John Berens unless otherwise stated.

Couverture / cover: David Salle, *Tree of Life, Heavenly*, 2022

Remerciements / Acknowledgments

Pour leur soutien inestimable, David Salle remercie vivement tous ceux qui ont aidé à la réalisation de cette exposition / David Salle would like to thank all those whose invaluable support has made the exhibition possible:

Bernard Blistène, Bénédicte Burrus, Frédérique Cadoret, Frédéric Dahan, Simon Dara, Oona Doyle, Nathalie Landeau & Mary Schwab.

Ainsi que Thaddaeus Ropac et son équipe / As well as Thaddaeus Ropac and his team:

Steeve Bauras, Elizabeth de Bertier, Elena Bortolotti, Quentin Carvalho, José Castañal, Mikael Dacosta, Arnaud Figel, Xenia Geroulanos, Ashley Giahn, Lian Giloth, Cristina Godja, Marine Gohard, Timothé Gourdin, Florian Kromus, Margaux Labesse, Julia Lange, Yannick Langlois, Elia Lemarchand, Gautier Marion, Ailsa McDougall, Lydéric Michaux, Telma Neves, Alix Nicolas, Claudia Pakula, Markus Rothe, Darya Suslova, Séverine Waelchli & Ida Yang.

www.ropac.net